천상의 거리

중국 현대시의 거장들 50인선

천상의 거리

중국 현대시의 거장들 50인선

지은이 로신 외 49인 ● 옮긴이 조민호

열린서원

머리말

이 번역 시편은 『中國新詩總系 중국신시총계』* 전10권 중 1-3권에 속하는 중국초기현대시 작품으로 선정하였다. ≪진도문학≫에 2018년부터 해마다 몇 편씩 발표하던 것을 인터넷 '문예 타임즈'의 편집장 소설가 박명호 형과 의기투합하고 1년간 발표 약속을 하여 중국초기현대시를 번역하게 되었다.

번역에 있어 각 시인들의 의도를 최대한 반영하면서 번역하고자 하였지만, 부족한 곳도 많을 것이다. 무엇보다 중국에서 12년 생활이 번역에 큰 도움이 되었다.

삶에 오랜 길벗이며, 동지인 코리안아쉬람 대표 이명권 박사와 목포대학교 국어국문학과 조용호 교수께 감사의 마음을 전한다.

2025년 10월　조민호

---

*『中國新詩總系 중국신시총계』, 북경 인문문학출판사, 2009.

추천의 글

'중국현대시인선집'을 번역 출간한 조민호 시인은 40여 년이 넘는 나의 오랜 벗이다. 내가 중국 길림사범대학교에서 중국인 학생들을 대상으로 교편을 잡고 있을 때, 그는 연변대에서 중의학과를 마치고 중의(中醫) 직업의사 고시를 앞둔 상태에서 길림사범대를 잠시 방문하여 내가 가르치던 수업시간에 그가 대신 강의를 한 적도 있다. 그런지 벌써 이십 년이 가까워 왔고, 그런 후에 얼마 전에는 중국현대시를 선정 번역하여 오늘의 출판에 이르게 되었다. 호적과 곽말약 등 쟁쟁한 근현대 시인들의 작품이 대거 수록되었고 이들의 우수한 작품을 번역한 조민호 시인의 쾌거에 먼저 박수를 보내고 싶다.

조민호 시인의 번역으로 한국에서 빛을 보게 된 이번 시집은 중국 현대시 거장들의 작품 선집으로서 이미 중국 본토에서 눈부신 활약을 했던 근현대 유명 시인들의 작품들 가운데 일부를 선정하여 소개한 것이다. 본 시집은 급변하는 중국 근대사와 혁명기의 시기를 망라한 다양한 시인들의 저항적 울부짖음을 잘 표현해 주고 있는 것으로서의 상징성도 있다. 유명한 중국 문호인 노신(魯迅, 1881-1936)을 포함하여 총 50명 시인의 작품이 수록된 것으로, 이 시들은 원래『中国新诗总系 중국신시총계』전10권(1917-2000) 가운데 일부다.

이 시 전집은 중국 역사상 최대 규모의 시집으로서 현대인들에게 가장 큰 시학(詩學)의 영향과 도전을 주고 있다. 이는 물론 중국전통 시학에 대한 가장 깊고 절실한 의문을 던지는 동시에 혁명적 반항의 시가(詩歌) 사상도 담고 있어서 현대라는 역사와 시대적 배경에 따른 시학적 성공을 거두고 있다. 이들의 시가 보여주는 시학적 도전은 5·4운동과 결부된 신문학 혁명의 신시(新詩)운동으로서, 중국 고전 시가에 대한 하나의 도전이 아닐 수 없다. 이는 19세기 말의 역사적 상황과 함께 20세기로 이양되는 과정에서 나타난 중국의 시대적 상황을 잘 반영시켜 주는 문학운동으로서 고대와 현대, 신구 교체기의 시학적 전환이라는 점에서 중대한 작품들이다.

　특히 문학과 사상적 큰 성과를 이룬 인물인 호적(胡適, 1891-1962)의 작품을 필두로 곽말약(郭沫若, 1892-1978) 등의 작품은 지금도 중국에서 최고의 인기를 누리고 있다. 이 시집에 수록된 응수인(應修人, 1900-1933)은 5·4운동의 창작 신시를 선보였고, 본 시집에 가장 많이 수록한 대표 시인 풍지(馮至, 1905-1933)는 베를린대학교와 하이델베르그 대학에서 수학하고 1935년에 철학박사 학위를 받은 유학파. 이 시집에 수록된 목단(穆旦, 1918-1977)은 시카고 대학 영문학과 출신이었으며, 그 외에 다수 시인이 유학파로 외국어를 번역하는 번역가로도 명성이 있는 자들이다. 또한 유대백(劉大白, 1880-1932)은 저명한 사상가 노신(魯迅)과 동향인 절강 소흥 출신의 친구로서, 구어체 언어인 백화(白話) 신체시(新體詩)의 선구자로 잘 알려져 있다. 시인 애청(艾靑, 1910-1996)은 프랑스에서 그림공부를 하고 반제국주의동맹 동방지부에 참가한 후 중국좌익미술가연맹에서 활동하다가 체포된 후 1935년에 출옥하기도 하고, 『시간 詩刊』과 『인문문학 人文文學』 주편으로 활동한 후 중국작가협회 부주석의 위치에 오른다.

이러하듯 대부분 시인이 혁명기의 시인이었고, '피라는 글자(血字)'를 쓴 시인 은부(殷夫, 1910-1931)는 혁명가로서 좌익연맹작가로 활동하다가 1931년 상하이에서 젊은 나이에 희생된 인물이기도 하다. 또한 풍설봉(馮雪峰, 1903-1976)은 문예 이론가이자 번역가로서 좌익연간물의 주편이었고, 1934년에는 마오쩌둥의 대장정에 참가했다. 그는 노신(魯迅)의 문학 활동을 지지했고, 노신 전집의 출간 사업에 적극적으로 간여하였으며, 건국 후 중국작가협회 부주석이 되었다. 이 시집에 실린 많은 시인이 혁명 시인이었고, 전한(田漢, 1898-1968) 같은 시인은 중국 현대 희극의 기초를 놓은 3대 인물 가운데 한 사람이다. 그런가 하면 이금발(李金髮, 1900-1976)은 상징파의 대표시인으로서 중국 제일의 상징주의 시인이 되었고, 성방오(成倣吾, 1897-1984)는 곽말약 등과 함께 일본과 중국에서 반제국주의, 반봉건적 혁명문화 활동을 전개했으며, 유명한 혁명문학단체인 "창조사(創造社)"를 세우기도 했다.

이같이 일찍이 1911년의 신해혁명(辛亥革命) 이후 5·4운동이 일어난 1919년 사이의 일대 사건을 담은 호적(胡適)의 시집, 『담신시 談新詩』의 정신을 필두로, 그 이후의 일련의 혁명기 시인들이 경험한 다양한 시대적 정신을 잘 보여주고 있다. 특히 이번 시집에서는 50인의 시인들이 상당수가 베이징대학이나 칭화대학을 졸업하거나 영국 프랑스 독일 등 유럽과 미국에서 유학한 시인으로서 신문화운동과 현대 시의 주역들이다.

　이처럼 중국문학사 뿐만 아니라, 현대 동아시아 문학사에도 커다란 영향을 끼치고 있는 중국 근현대 시인들의 탁월한 작품들을 선정하여 국내에 번역 소개한 친구 조민호 시인의 노력을 깊이 찬탄(讚歎)하면서 국내 독자 여러분에게 적극 일독을 권장한다. 이는 분단 국가를 살아가는 오늘의 우리에게, 한반도를 둘러싼 강대국의 패권 전쟁이 지금도 계속되고 있는 상황에서 미국과 중국, 북한과 중국, 그리고 한중관계를 새롭게 되돌아보는 문학적 상상력을 키운다는 점에서도 본서의 일독에 큰 보람을 느낄 수 있을 것이다.

이명권(동양철학자·비교종교학자)

목차

1부

머리말 / 추천의 글		4/5
一念 일념	胡適	16
鴿子 비둘기	沈尹默	18
題女兒小蕙週歲日造像 딸 소혜의 첫돌의 초상	柳半農	20
夢 꿈	魯迅	22
到郵局去 우체국으로 가다	應修人	24
十四行集 14행집	馮至	26
夕陽之歌 석양의 노래	胡風	28
我是一條小河 나는 한줄기 시냇물	馮至	32
春 봄	穆旦	36
白蝴蝶 흰 나비	戴望舒	38
破曉 동틀 무렵	林庚	40
郵吻 연서에 담긴 키스	劉大白	42
九年四月三十日侵晨渡Ohio河 1920년 4월 30일 새벽, 오하이오강을 건너며	陸志韋	46
在墓園中 묘지에서	唐祈	48
琴的哀 거문고의 슬픔	李金發	50

2부

大堰河—我的褓姆 대언하—나의 유모	艾青	54
井水 우물물	林庚	64
春爛了時 봄이 무르익을 무렵에	徐遲	66
泰山 태산	徐志摩	70
海 바다	廢名	72
滬杭道中 상해에서 항주 가는 길에서	徐志摩	74
螢 반딧불이	綠原	76
血字 피라는 글자	殷夫	78
雨後的蚯蚓 비온 후의 지렁이	馮雪峰	82
靜 고요	鄭振鐸	84
音樂 음악	鄭敏	86
太湖之夜 태호의 밤	陳夢家	88
在公園裡 공원에서	石民	90
扇 부채	何其芳	92
月光 달빛	辛笛	94

3부

詩 시	唐湜	98
老馬 늙은 말	臧克家	100
伊在 그녀가 있기에	馮雪峰	102
急雨 소나기	王統照	106
撲燈蛾 부나비	蒲風	110
斷章 단장	卞之琳	112
淚 눈물	卞之淋	114
火柴 성냥	聞一多	118
竹影 대나무 그림자	汪靜之	120
笑 미소	林徽因	122
紅葉 단풍	高長紅	124
鄕愁 향수	杜運燮	126
雨巷 비 내리는 골목	戴望舒	128
髮 머리카락	路易士	134
晩禱(二) 저녁에 드리는 기도	梁宗岱	136
明天 내일	邵洵美	138

4부

冬夜之公園 겨울밤의 공원	俞平伯	142
夜 밤	田漢	146
天上的市街 천상의 거리	郭沫若	148
慈姑的盆 벗풀 화분	周作人	150
望月 달을 바라보며	徐志摩	152
枯葉 마른 잎	徐玉諾	154
棄婦 버림받은 여인	李金發	156
煤 석탄	朱自淸	160
葬我 나를 묻어주오	朱湘	162
飢獸 굶주린 짐승	馮至	164
黑暗 암흑	朱自淸	166
靜夜 고요한 밤	成倣吾	170
沙揚娜拉一首 사요나라 시 한 편	徐志摩	172
永久 영구	馮至	174

중국 현대시의 거장들 50인

 俞平伯 유평백
 殷夫 은부
 應修人 응수인
 林徽因 임휘인
李金發 이금발

 劉大白 유대백
 鄭敏 정민
 鄭振鐸 정진탁
 朱湘 주상
 朱自清 주자청

 周作人 주작인
 馮雪峰 풍설봉
 廢名 폐명
 蒲風 포풍
 胡適 호적

 馮至 풍지
 高長紅 고장홍
 郭沫若 곽말약
 戴望舒 대망서
 杜運燮 두운섭

 穆旦 목단
 卞之琳 변지림
 徐遲 서지
 徐玉諾 서옥락
 徐志摩 서지마

辛笛 신적　　刘半农 유반농　　陈敬容 진경용　　魯迅 노신　　邵洵美 소순미

吳組緗 오조상　　梁宗垈 양종대　　陳夢家 진몽가　　唐祈 당기　　唐湜 당식

陸志韋 육지위　　何其芳 하기방　　田漢 전한　　路易士 노역사　　聞一多 문일다

臧克家 장극가　　林庚 림경　　胡風 호풍　　綠原 녹원　　石民 석민

成倣吾 성방오　　沈尹默 심윤묵　　艾靑 애청　　汪靜之 왕정지　　王統照 왕통조

1부

산과 산 끝없이 먼데로 이어지고 불같은 저녁 해는
아직도 붉고 붉어 청춘의 꿈을 덥혀줄 수 있으리

一念

胡適

我笑你繞太陽的地球,一日夜只打得一個迴旋;
我笑你繞地球的月亮,總不會永遠團圓;
我笑你千千萬萬大大小小的星球,總跳不出自己的
　軌道線;
我笑你一秒鐘行五十萬里的無線電,總比不上我區
　區的心頭一念!
我這心頭一念:
　　才從竹竿巷,*忽到竹竿尖*;
　　忽在赫貞江上,忽在凱約湖邊;
我若真個害刻骨的相思,便一分鐘繞遍地球三千萬轉!

* 竹竿巷,是我住的巷名。竹竿尖,是吾村後山名。

일념(一念)

호적

난 웃노라, 너 태양을 감도는 지구여
하루 밤낮에 한번 밖에 선회하지 못하니
난 웃노라, 너 지구를 감도는 달이여
언제나 영원히 둥글어지지 못하니
난 웃노라, 너 천천만만의 크고 작은 별들이여
언제나 자기의 궤도를 벗어나지 못하니
난 웃노라, 너 일초 사이에 50만 리를 달리는 무선전신이여
언제나 나의 보잘것없는 마음 속 일념에 비교할 수 없구나!
나의 이 마음속 일념은
방금 죽간골목*에 있다가도, 홀연히 죽간첨**에 도달하고
문득 혁정강에 있다가도, 홀연히 개약호 주변에 있고
내가 만약 진짜 뼈를 깎는 상사병을 앓는다면
일분 사이에 바로 지구를 3천만 번 돌리리라!

* 竹竿巷 시인이 사는 골목이름
** 竹竿尖 마을의 뒷산 이름

호적(1891년 12월 17일~1962년 2월 24일). 안휘성 적계현 출생. 상해시 포동신구 성장. 아명兒名: 사미嗣糜, 중국현대사상가, 문학가, 철학자. 미국코넬대학교 유학, 북경대학교 교수.『중국철학사요강』시집『상시집嘗試集』,《독립평론》잡지 발간. 주미대사. 북경대학교 총장.

鴿子

沈尹默

空中飛着一群鴿子,籠裏關着一群鴿子,街上走的人,小手巾裏還兜着兩個鴿子。

飛着的是受人家的指使,帶着哨兒嗡嗡央央,七轉八轉繞空飛人家聽了歡喜。

關着的是替人家做生意,青青白白的毛羽,溫溫和和的樣子,人家看了歡喜;有人出錢便買去,買去餵點黃小米。

只有手巾裏兜着的那兩個,有點難算計。不知他今日是生還是死;恐怕不到晚飯時,已在人家菜碗裏。

一九二十年 十月 二十二日

비둘기

심윤묵

공중에 비둘기 한 무리 날고, 조롱 속에도 비둘기 한 떼 갇혀 있네,
거리를 걷는 사람은 수건에 비둘기 두 마리를 사서 가고 있다.
사람에 길들여진 비둘기는 구구구구 소리치며 하늘을
맴돌 때 사람들은 그 소리 듣고 기뻐한다.
갇힌 비둘기는 주인의 생업을 돕고, 맑고 흰 날개와 온순한
모습을 보는 사람들이 기뻐하는 것을 본다.
돈을 주고 사 가는 어떤 사람은 좁쌀을 사 먹일 것이다.
수건에 싸인 저 두 마리는 예상하기 조금 어렵다.
그들이 오늘, 살아 있을지 죽을지 모르겠다. 아마 저녁식사
때도 되기 전, 이미 요리접시에 담겨 있겠지.

1920년 10월 22일

심윤묵(1883년-1971년 6월 1일). 절강성 호주 출생. 자: 중中, 추명秋明. 호: 군묵君墨, 저명학자, 시인, 서예가, 교육자. 일본유학, 북경대학교 교수, 보인대학교 교수, 북평대학교 총장. 《신청년》잡지 편집장.

題女兒小蕙週歲日造像

柳半農

你餓了便啼,飽了便嬉,
　倦了思眠,冷了索衣;
　不餓不冷不思眠,我見你整日笑嘻嘻 。
你也有心,只是無牽記:
你也有眼耳鼻舌,只未著顏色聲香味:
你有你的小靈魂,不登天,也不墮地 。
呵呵,我羨你!我羨你!
你是天地間的活神仙!
是自然界不加冕的皇帝!

選自《新青年》第四卷第一號,1918年1月15日

딸 소혜의 첫돌의 초상

유반농

너는 배고프면 울고 배부르면 즐겁게 논다
   피곤하면 잠을 청하고 추우면 옷을 찾는다
   배고프지도 춥지도 졸리지도 않으면
나는 네가 온종일 방긋 웃는 얼굴을 본다
너에게도 마음은 있으나 아직 얽매일 근심은 없고
눈 귀 코 혀 있으나 아직 색 소리 향 맛에 익숙치 않고
너에게는 작은 영혼이 있어 오르지도 않고 떨어지지 않구나
아아, 나는 너를 부러워 너무 부러워해
너는 천지 사이의 살아있는 신선이야
너는 자연계의 왕관을 씌우지 않은 여황제야

자선 《신청년》 제4권 제1호, 1918년 1월 15일

유반농(1891.5.29 - 1934.7.14.). 본명 류푸(劉復), 장쑤(江蘇) 장인(江陰) 사람. 베이징대학을 졸업하고, 프랑스 리옹대학에서 언어학을 연구하였다. 5·4 신문화운동의 선구자다. 중국 초기 백화시(白話詩) 개척자 가운데 한 사람이다. 시집 『양편집揚鞭集』이 있고, 대표작으로는 『교아여하불사향타』(教我如何不想她, "어찌 그대를 생각하지 않을 수 있으랴")가 있다.

夢

魯迅

很多的夢,趁黃昏起哄 。
前夢才擠卻大前夢時,後夢又趕走了前夢 。
　去的前夢黑如墨,在的後夢黑一般黑:
　去的在的彷彿都說,"看我真好顏色 。"
顏色許好,暗裡不知;
而且不知道,說話的是誰?

暗裡不知,身熱頭痛 。
你來你來!明白的夢 。

꿈

노신

많은 꿈들이 황혼을 틈타 소란을 일으킨다
꿈이 그 전 꿈을 밀어낼 즈음, 뒤의 꿈이 또 앞선 꿈을 내몬다
　사라지는 꿈은 먹빛처럼 검고, 머무는 꿈도 그 어둠과 다르지 않네
　사라지든 머물든 마치 모두 이렇게 속삭인다 "봐 내 얼굴빛이 곱지 않니"
빛깔이야 곱게 보이지만 어둠 속에서는 알 길이 없고
게다가 알지 못한다고 그 말을 하는 자가 누구야

어둠 속에 머리는 아프고 몸은 열이나
오라 오라! 분명한 꿈이여

노신(1881.9.25 - 1936.10.19.) 본명 주장수(周樟壽), 주수인(周樹人)으로 개명. 자(字)는 예산(豫山), 예재(豫才). 저장(浙江) 사오싱(紹興) 출신. 주작인(周作人)시인은 노신의 친동생이다. 중국의 저명한 문학가, 시인, 사상가, 혁명가, 교육자, 미술가, 서예가, 민주전사이며 신문화운동의 핵심 인물이며 중국 현대문학의 기초를 놓은 작가이다.

到郵局去

應修人

異樣閃眼的繁的燈 。
異樣醉心的輕的風 。
我袋着那封信,
那封緊緊地封了的信 。

異樣閃眼的繁的燈 。
異樣醉心的輕的風 。
手脂兒近了信箱時,
再仔細看看信面字 。

우체국으로 가다

응수인

유달리 반짝이는 많은 등불
유달리 취하게 하는 부드러운 바람
나는 그 편지를 가지고 간다
그 단단히 봉한 편지를 갖고서

유달리 반짝이는 많은 등불
유달리 취하게 하는 부드러운 바람
손가락이 우체통에 다가갈 때에
다시 한 번 세밀히 편지 봉투를 살펴보고서

응수인(1900 -1933). 절강성 자계 출생. 현대작가. 1922년 시집 『호반』 출판, 1925년 공산당 가입. 모스크바 중산대학교 유학 1930년 귀국. 『깃발의 이야기』, 동화집 『금보탑, 은보탑』.

十四行集

馮至

我們準備着深深地領受
那些意想不到的奇蹟,
在漫長的歲月裏忽然有
彗星的出現, 狂風乍起:

我們的生命在這一瞬間,
倣佛在第一次的儶抱裏
過去的悲歡忽然在眼前
凝結成屹然不動的形體

我們贊頌那些小昆蟲,
它們經過了一次交媾
或是抵御了一次危險,

便結束它們美妙的一生 。
我們整個的生命在承受
狂風乍起,彗星的出現 。

* 選自『十四行集』, 馮至著, 明日社 1942年

14행집

풍지

우리는 생각 밖의 기적을
깊숙이 받아드릴 준비를 하노라
기나긴 세월에 갑자기
혜성이 나타나고, 광풍이 일 것 같이

우리의 생명이 한 순간에
마치 첫 번째의 포옹처럼
과거의 애환이 홀연히 눈앞에서
끄떡없는 형체로 굳어질 것 같이

우리는 그런 작은 곤충을 찬송하노라
그들이 한 차례 교배를 거치거나
혹은 한 차례 위험을 항거하듯이

그들은 아름다운 일생을 마친다
우리 전체의 생명을 계승하고
광풍이 일고, 혜성이 나타나길 바라듯이

* 풍지 저 『14행집』 명일사. 1942년 선정

풍지(1905년 9월 17일-1993년 2월 22일). 하북성 탈현 출생. 본명: 풍승식馮承植. 북경대학교 졸업. 1930년 독일유학, 서남연대외국어과 교수. 시인, 소설가, 산문가. 대표작 1942년『14행집』, 『어제의 노래』, 『두보전杜甫傳』. 소설 『매미와 만추蟬与晩秋』 등.

夕陽之歌

胡風

夕陽快要洛了，
夜霧也快要起了，
兄弟，我們去罷，
這是一天中最美的時候。

遙空裏有一朵微醉的雲，
帽子似的，罩着了那座林頂，
林那邊無語如鏡的池中，
許在漾着戀夢似的倒影。

穿過那座憂鬱的林，
走完這條荒蕪的路，
兄弟，我們去罷，
這是一天中最美的時候。

林這邊只有落葉底沙沙，
林那邊夕陽還沒有落下，
夢這邊陰影黑發似他浸延，
林那邊夕陽正燒紅了山巔。

석양의 노래

호풍

저녁 해 저물어가고
밤안개도 곧 피어나는데
형제여 우리 가보자
이는 하루에서 가장 아름다운 때라네

먼 하늘엔 수줍어 낯이 붉어진 구름 한 송이
모자 마냥 그 숲을 내리 덮고
숲 저쪽 거울처럼 말 없는 늪에는
사랑 꿈같은 그림자 일렁일 것이라네

그 우울한 수림을 지나
이 황량한 길을 다 걷고 나면
형제여 우리 가보자
이는 하루에서 가장 아름다운 때라네

수림 이쪽은 낙엽이 사락사락 떨어지고
수림 저쪽은 저녁 해 아직 지지 않았다네
수림 이쪽엔 어스름이 검은 머리카락처럼 스며들고
수림 저쪽은 저녁 해 산봉우리를 붉게 물들이네

連綿的山儘是連綿,
可以望個無窮的遠,
夕陽是火猶是紅紅,
可以煖煖青春的夢。

去了的青春似萎地的花瓣,
拾不起更穿不成一頂花冠,
且煖一煖淒淒的昨宵之夢,
趁着這夕陽的火猶是紅紅。

夕陽正照着林梢,
聽着我底歌牽我的手,
兄弟,現在,我們去罷,
這是一天中最美的時候。

줄기줄기 이어진 산과 산
끝없이 먼데로 이어지고
불같은 저녁 해는 아직도 붉고 붉어
청춘의 꿈을 덥혀줄 수 있으리

가버린 청춘처럼 시들은 꽃잎을
줍지 못하면 한 송이 꽃으로 피울 수 없거늘
처연한 간밤의 꿈을 덥혀 보자구나
이 저녁 해의 불길이 아직 붉을 때까지

석양은 바야흐로 수림의 우듬지를 비추며
나의 노래를 듣자 나의 손을 이끄네
형제여, 지금 우리 가보자
이는 하루 중 가장 아름다운 때라네

호풍(1902년 11월 2일-1985년 6월 8일). 호북성 기춘 출생. 원명: 장광인. 중국 문예이론가, 문학평론가, 문학번역가. 7월파 시인.

我是一條小河

馮至

我是一條小河,
我無心由你的身邊繞過——
你無心把你彩霞般的影兒
投入了我軟軟的柔波。

我流過一座森林——
柔波便蕩蕩地
把那些碧翠的葉影兒
裁剪成你的裙裳。

我流過一座花叢——
柔波便粼粼地
把那些淒艷的花影兒
編織成你的花冠。

無奈呀,我終于流入了,
流入那無情的大海——
海上的風又厲,浪又狂,
吹折了花冠擊碎了裙裳!

나는 한줄기 시냇물

풍지

나는 한줄기 시냇물
나는 무심코 너의 곁을 감돈다
너는 무심히 너의 꽃노을 그림자를 잡아
내 부드럽고 여린 물결에 던졌다 °

나는 한자리 숲을 흘러 지난다
부드러운 물결은 졸랑 졸랑이며
저 파아란 잎새의 그림자를 담아
너의 긴치마를 재단한다 °

나는 한떨기 꽃밭을 흘러간다
여린 물결은 맑고 깨끗하게
저 예쁘장한 꽃 그림자를 담아
너의 화관을 뜨개질한다 °

어쩌나, 나는 끝내 흘려가서
그 무정한 대해까지 흘러 가 버렸다
바다엔 바람도 거세고 물결도 사나와
화관도 부서지고 긴치마도 찢어졌다!

我也隨了海潮漂漾,

漂漾到無邊的地方——

你那彩霞般的影兒

竟也同幻散了的彩霞一樣!

1925年

나도 바다물결 따라 떠돌다
끝도 없는 곳까지 떠내려갔지
너의 그 꽃노을 같은 그림자도
끝내는 꽃노을처럼 흩어져 버렸다!

1925년

풍지(1905년 9월 17일-1993년 2월 22일). 하북성 탈현 출생. 본명: 풍승식馮承植. 북경 대학교 졸업. 1930년 독일유학, 서남연대외국어과 교수. 시인, 소설가, 산문가. 대표작 1942년 『14행집』, 『어제의 노래』, 『두보전杜甫傳』. 소설 『매미와 만추蝉与晚秋』 등.

春

穆旦

綠色的火燄在草上搖拽,
他渴求着擁抱你,花朵。
反抗着土地,花朵伸出來,
當煖風吹來煩惱,或者歡樂。
如果你是醒了,推開窗子
看這滿園的慾望多麽美麗。

藍天下,爲永遠的謎迷惑着的
是我們二十歲的緊閉的肉體,
一如那泥土做成的鳥的歌,
你們被點燃,却無處歸依。
呵,光,影,聲,色,都已經赤裸,
痛苦着,等待伸入新的組合。

1942年2月

《貴州日報·革命軍詩刊》1942年5月26日

봄

목단

녹색의 불꽃이 풀 위에서 흔들흔들 움직이고
꽃 봉우리여 너를 포옹하길 갈구한다
토지에 반항하며 꽃 봉우리여 피어라
따스한 바람이 불어오면 번뇌하며 기뻐한다
만약 그대가 깨어난다면 창문을 열어 재끼고
보라 정원에 가득한 욕망이 얼마나 어여쁜가를

푸른 하늘 아래 영원한 수수께끼에 미혹된 것은
우리들 스무 살의 꼭 닫혀져 있는 육체이고
저 진흙으로 빚어낸 새의 노래와 똑같고
너희들은 불 지르며 돌아와도 의지할 곳 없다
아 빛 그림자 소리 색깔은 모두 이미 드러나고
고통스럽게 새로운 조합이 펼쳐지길 기다린다

1942년 2월
《 귀주일보 · 혁명군시간詩刊 》 1942년 5월 26일 발표

목단(1918년 4월 5일-1977년 2월 26일). 천진: 출생. 원명: 사량쟁査良錚, 1932년 고등학생으로 중국신시 발표. 청화대학교 외국어문학과 졸업, 미국 시카고대학원 졸업. 시인, 번역가. 대표작품 탐험대. 목단시집 『기旗』 등.

白蝴蝶

戴望舒

給甚麼智慧給我,
小小的白蝴蝶,
翻開了空白之頁,
合上了空白之頁?

翻開的書頁:
寂寞;
合上的書頁:
寂寞。

一九四0年 五月 三日

흰 나비

대망서

무슨 지혜를 나에게 주는가
조그만 흰 나비야
여백의 한 쪽을 펴기도 하며
여백의 한 쪽을 닫기도 하는가?

책장을 펼쳐도
적막하고
책장을 닫아도
적막뿐이다

1940년 5월 3일

대망서(1905년 11월 5일-1950년 2월 28일). 절강성 항주시 출생. 상해목단대학 졸업. 대표작품 『비 내리는 골목』, 『나의 기억』. 중국 상징주의 시인, 번역가 등. 1950년 북경에서 병사. 향년 45세.

破曉

林庚

破曉中天傍的水聲

深山中老虎的眼睛

在漁白的窗外鳥唱

如一曲初春的解凍歌

（冥冥的廣漠裏的心）

溫柔的水裂的聲音

自北極像一首歌

在夢隱隱的傳來了

如人間第一次的誕生

選自《現代》第4卷 第6期，1934年4月1日

동틀 무렵

림경

동틀 무렵 하늘가의 물소리
깊은 산속 호랑이의 눈동자처럼
먼동은 붉고 창밖에는 새의 지저귐
마치 이른 봄 해동의 노래인가 싶어라
(어두컴컴하고 광막한 마음에)
부드럽게 물이 갈라지는 소리
저 북극에서 노래같이 울려오고
꿈속에도 은은히 들려오는가
마치 신생아의 첫 울음소리처럼

《 현대 》 제 4권 제 6기에서 자선, 1934년 4월 1일

림경(1910년 2월 22일-2006년 10월 4일). 원적은 복건성 이후 북경에서 성장. 자: 정희. 현대시인, 고대문학 학자, 문학사가. 북경대학교 중문과 교수, 중국 고대문학 전공, 박사생 교수.

郵吻

劉大白

我不是不能用指頭兒撕,
我不是不能用剪刀兒剖,
只是緩緩地
　　輕輕地
很仔細地挑開了紫色的信唇;
我知道這信唇裏面,
藏著她秘密的一吻 。

從她底很鄭重的折疊裏,
我把那粉紅色的信箋,
很鄭重地展開了 。
我把她很鄭重地寫的,
一字字一行行,
一行行一字字地
很鄭重地讀了 。

我不是愛那一角模糊的郵印,
我不是愛那滿幅精致的花紋,
只是緩緩地
　　輕輕地

연서에 담긴 키스

류대백

나 손가락으로 찢지 못해서가 아니다
나 가위로 베지 못해서도 아니다
오직 아주 조심히
     살랑 사알랑
아주 꼼꼼하게 자줏빛 편지봉투의 입술을 연다
나는 아노라, 이 편지봉투 입술에는
그녀의 은밀한 키스가 묻어 있음을

그녀 속내를 정중히 접어놓은 편지
난 그 분홍색 편지지를
아주 정중하게 펼쳐 보았다
나는 그녀의 아주 정중히 쓴 글
한 글자 한 글자 한 줄 한 줄
한 줄 한 줄 한 글자 한 글자를
매우 정중하게 읽어 내려간다

난 구석에 박힌 십전짜리 소인을 사랑하는 것이 아니다
난 봉투의 세밀한 꽃무늬를 사랑하는 것도 아니다
오직 아주 조심히
     살랑 사알랑

很仔細地揭起那綠色的郵花；

我知道這郵花背後,

藏著她秘密的一吻 。

一九二三年 五月 二日 在紹興

아주 꼼꼼하게 그 녹색의 우표를 뜯노라
나는 아노라, 이 우표 뒷면에
그대 비밀리에 한 키스가 묻어 있다는 것을

1923년 5월 2일 소흥에서

류대백(1880년-1932년). 절강성 소흥 출신. 원명: 김경염. 자: 대백. 노신 선생과 고향 친구, 중국 현대 저명시인, 문학사가.

九年＊四月三十日侵晨渡Ohio河

陸志韋

渡江而南是Kentucky暮春天氣。
梨花顏色被南風吹到大江兩臂。
江南好, 也在梨花開得早。
且放下北方滿面風塵,
看梨花, 看個飽。
江南有人早起到河邊去作黃牛。
江南的河邊有梨花落上鵝頭。
我今天對梨花下江南去,
把幾年得失散在江南路。
所以我依舊是自由人,
來看江南梨樹。

1920년 4월 30일 새벽, 오하이오강을 건너며

육지위

강 건너 남쪽으로 가면 켄터키지역, 늦봄의 날씨다
배꽃의 향기는 남풍에 밀려 큰 강의 양안에 둑으로 몰려갔다
강남이 좋은 것은 또한 배꽃이 일찍 피기 때문이다
잠시 북방에서 온 얼굴 가득 묻은 풍진을 내려놓고
배꽃을 보자, 실컷 보자로구나
강남에는 이른 아침 강가로 나가 황소를 몰며 일하는 사람이 있다
강가에는 배꽃 날아와 거위 머리 위에 내려앉는다
나는 오늘 배꽃을 따라 강남으로 가면서
몇 해 동안 잃었던 나를 강남의 길 위에서 다시 찾는다
난 여전히 자유인이다 그래서
강남의 배꽃을 보러 오는거야

*九年: 신해혁명 후 중화민국 수립된 해(1911년) 이후 9년 이란 의미.

육지위 (1894 - 1970). 본명 루바오치(陸保琦), 저장(浙江) 후저우(湖州) 난쉰(南潯) 사람. 중국의 저명한 언어학자, 심리학자, 교육자, 시인이다. 초기에 미국 시카고대학에서 유학, 철학박사 학위를 받았다. 귀국 후 연경(북경)대학 교수·총장 등을 지냈다.

在墓園中

唐祈

這裡從各方走來了世界底
旅客,上帝最後剩給一塊沉默的
石頭,問還有什麼新鮮追求?
連一聲回答的氣力都沒有。

是這樣無賴,那些絕麗的花
裝飾著白色的"死亡大廈",
完成每個人真正哀訴的自私,
沉睡了各樣時間的歷史。

引起我驚心的是孩子的
夭折,誰給披上寒冷風雪的毯子,
母親們的小太陽竟這般蒼白。

啊,我只愛那些白楊樹,
只有它們悄悄對風講話;
而且越講聲音越大……

選自《中國新詩》第五集,1948年10月

묘지에서

당기

이곳에는 사방에서 세상 끝의 나그네들이 걸어왔다
신은 마지막으로 한 덩이의 침묵의 돌을 남겨주었다
묻노니, 누가 이 돌을 감히 침범할 수 있겠는가
그러나 대답할 기력조차 남아 있지 않다

이렇게도 고요하다 저 쌓인 꽃들은
하얀 죽음의 대저택을 장식할 뿐
각자의 진정한 슬픔의 이기심을 완성하며
각기 다른 시대의 역사가 잠들어 있다

나를 가장 놀라게 하는 것은 아이들의 요절이다
누가 그에게 차디찬 바람과 눈의 담요를 덮어 주었는가
어머니들의 작은 태양이 이렇게도 창백하구나

아, 나는 오직 저 백양나무들을 사랑한다
오직 그것들만이 바람에게 속삭이며 말한다
그렇게 말할수록 그 소리는 점점 더 커진다……

자선 《중국신시》 제5집, 1948년 10월

당기(1920-1990). 본명 탕커판(唐克蕃), 장쑤(江蘇) 쑤저우(蘇州) 사람. 중국 당대 시인이며 구엽시파의 주요 구성원이자 민주동맹(民盟) 회원. 1939년 서북연합대학 역사과에 입학하여 1942년 문학사 학위를 받았다. 이후 서북민족학원(서북민족대학) 중문과 교수로 재직했다.

琴的哀

李金發

微雨濺濕簾幕,
正是濺濕我的心。
不相干的風,
踱過窗兒作響,
把我的琴聲,
也震得不成音了!

奏到最高音的時候,
似乎豫示人生的美滿。
露不出日光的天空,
白雲正搖蕩着,
我的期望將太陽般露出來。

我有一切的憂愁,
無端的恐怖,
她們并不能了解呵。
我若走到原野上時,
琴聲定是中止,或柔弱地繼續着。

거문고의 슬픔

이금발

가랑비는 장막을 적시고
나의 마음도 적신다
실없는 바람
창문으로 새어 들어와 소리내며
나의 거문고 소리를
마구 흩뜨려 놓으리라!

가장 높은 음을 연주할 때는
마치 인생의 아름다움을 예시하는 것 같아라
햇빛을 드러내지 못하는 하늘에는
흰 구름 바르게 흔들거리고
나의 소망을 태양처럼 드러내리라

나의 모든 우수와
끝없는 공포를
그녀들은 이해하지 못하리라
내가 만약 들판에 나가게 되면
거문고 소리는 꼭 멈추거나 아니면 연약하게 이어질 것이리라

이금발(1900년 출생-1976년 사망) 광동성 매현 출생. 본명: 이숙량, 학력: 홍콩중학교, 고학 후 미술전문학원과 파리 미술전문학교 유학. 항주예술대학교 교수. 중국의 상징주의 대표자. 시집 『1925년~1927년』, 『가랑비』, 『행복한 노래를 위해』, 『식객과 흉년』.

2부

겨울이라 실의에 빠져 있지 않는가, 이 우물물은
그대를 위해 또 다시 봄의 잔물결로 변하고 있건만

大堰河—我的褓姆

艾青

大堰河,是我的褓姆。
她的名字就是生她的村莊的名字,
她是童養媳,
大堰河,是我的褓姆。

我是地主的兒子;
也是吃了大堰河的奶而長大了的,
大堰河的兒子。
大堰河以養育我而養育她的家,
而我,是吃了你的奶而被養育了的,
大堰河啊,我的褓姆。

大堰河,今天我看到雪使我想起了你:
你的被雪壓的着草蓋的墳墓,
你的關閉了的故居檐頭的枯死的瓦菲,
你的被典押了的一丈平方的園地,
你的門前的長了青苔的石椅,
大堰河,今天我看到雪使我想起了你。

你用你厚大的手掌把我抱在懷裏,撫摸我;

대언하 — 나의 유모

애청

대언하는 나의 유모
그녀 이름은 그녀를 낳은 마을의 이름
민며느리였든 그녀
대언하는 나의 유모였습니다.

나는 지주의 아들이었지만
대언하의 젖을 먹고 자라난
대언하의 아들이기도 합니다.
대언하는 자기 가정에서 나를 키웠고
나는 당신의 젖을 먹고 자랐으니
아 대언하, 나의 유모여

대언하여, 오늘 나는 내리는 눈을 보며 당신을 떠올립니다
눈에 눌린 풀덤불 속의 당신의 무덤과
닫친 당신의 옛집 처마 끝의 마른 풀
전당잡힌 당신의 손바닥만 한 텃밭과
당신의 집 문 앞의 이끼긴 돌 의자를
대언하여, 오늘 나는 내리는 눈을 보며 당신을 떠올립니다

당신의 두툼한 손으로 나를 품에 안고 어루만져 주셨지요

在你搭好了灶火之後,

在你拍去了圍裙上的炭灰之後,

在你嘗到飯已煮熟了之後,

在你把烏黑的醬碗放到烏黑的桌子上之後,

在你補好了兒子們的,為山腰的荊棘扯破的衣服之後,

在你把小兒被柴刀砍傷了的手包好之後,

在你把夫兒們的襯衣上的虱子一顆顆地掐死之後,

在你拿起了今天的第一顆雞蛋之後,

你用你厚大的手掌把我抱在懷裏,撫摸我。

我是地主的兒子,

在我吃光了你大堰河的奶之後,

我被生我的父母領回到自己的家裏。

啊,大堰河,你為甚麼要哭?

我做了生我的父母家裏的新客了!

我摸着紅漆雕花的家具,

我摸着父母的睡床上金色的花紋,

我呆呆的看着簷頭的寫着我不認得的

"天倫敘樂"的匾,

我摸着新換上的衣服的絲的和貝殼的鈕扣,

我看着母親懷裏的不熟識的妹妹,

我坐着油漆過的安了火鉢的炕凳,

我吃着研了三番的白米的飯,

但,我是這般忸怩不安!因為我

我做了生我的父母家裏的新客了。

당신이 부뚜막 아궁이에 불을 지핀 뒤
당신은 앞치마에 묻은 재를 턴 후에
당신은 밥이 뜸들었나 맛을 본 뒤
당신은 새까만 장종지를 검은 밥상에 놓은 후에
당신은 산등성 가시덤불에 찢긴 아이들의 옷을 꿰맨 뒤
당신은 낫에 베인 막내아들의 손을 싸매준 후에
당신은 남편과 아이들의 속옷의 이를 한 마리씩 눌려 죽인 뒤
당신은 그날의 첫 달걀을 갖다 놓은 후에
당신의 두툼한 손으로 나를 품에 안고 어루만져 주셨지요
나는 지주의 아들
나는 당신 대언하의 젖을 모조리 빨아먹은 후
나를 낳은 부모님에 이끌려 본가로 돌아왔지요
아, 대언하여 당신은 왜 우시었습니까?

나는 나를 낳은 부모님의 집에서 새 손님이 되었지요!
나는 붉게 칠한 공예 가구를 만지작거리며
나는 부모님 침대의 금빛 꽃무늬를 만지작거리며
나는 처마 밑의 알지 못할 "천륜서락"이란
현판을 멍하니 쳐다보며
나는 새로 갈아입은 옷의 명주단추와 조개단추를 만지작거리며
나는 어머니 품에 안긴 낯선 누이동생을 바라보며
나는 화로 옆에 놓인 기름칠한 쪽걸상에 앉아
세 번이나 정미한 흰쌀밥을 먹으면서도
단지, 나는 떳떳하지 못하고 불안해했는지! 그것은 내가
나를 낳은 부모님 집의 새 손님이었기 때문입니다.

大堰河, 為了生活,
在她流盡了她的乳液之後,
她就開始用抱過我的兩臂勞動了;
她含着笑, 洗着我們的衣服,
她含着笑, 提着菜籃到村邊的結冰的池塘去,
她含着笑, 切着冰屑悉索的蘿蔔,
她含着笑, 用手掏着豬吃的麥糟,
她含着笑, 扇着燉肉的爐子的火,
她含着笑, 背了團箕到廣場上去灑好那些大豆和小麥,
大堰河, 為了生活,
在她流盡了她的乳液之後,
她就用抱過我的兩臂, 勞動了 。

大堰河, 深愛着她的乳兒;
在年節裏, 為了他, 忙着切那冬米的糖,
為了他, 常悄悄的走到村邊的她的家裏去,
為了他, 走到她的身邊叫一聲"媽",
大堰河, 把他畫的大紅大綠的關雲長貼在灶邊的牆上,
大堰河, 會對她的鄰居誇口讚美她的乳兒;
大堰河曾做了一個不能對人說的夢:
在夢裏, 她吃着她的乳兒的婚酒,
坐在輝煌的結彩的堂上,
而她的嬌美的媳婦親切的叫她"婆婆"
……………………………
大堰河, 深愛她的乳兒!

대언하는 생계를 위해

당신의 젖을 모두 소진한 후

당신은 나를 앉아주던 두 팔로 일을 하셨지요

당신은 웃으며, 우리들의 옷을 빨았고

당신은 웃으며, 바구니를 들고 마을 밖 언 연못으로 나가고

당신은 웃으며, 살얼음 서걱거리는 무를 썰었고

당신은 웃으며, 손으로 돼지 뜨물을 만들고

당신은 웃으며, 고기 삶는 화롯불에 부채질했고

당신을 웃으며, 키를 메고 마당에 나가 콩과 밀을 볕에 말렸지요

대언하는 생계를 위해

당신의 젖을 모두 소진한 후

당신은 나를 앉아주던 두 팔로 고된 일을 하셨지요

대언하는 당신의 젖먹이를 그지없이 사랑해 주었습니다.

설 명절엔 그를 위해 언 쌀엿을 바삐 설었고

늘 은밀히 동구 밖 당신의 집을 찾아오는 그를 위해

당신 곁에 와서 "엄마"하고 부르는 그를 위해

대언하는 그가 그린 울긋불긋한 관운장을 부뚜막 벽에 붙여놓았지요

대언하는 이웃들에게 당신의 젖먹이를 굉장히 자랑하셨지요

대언하는 일찍이 남에게 알릴 수 없는 꿈까지 꾸었지요

꿈속에서 당신의 젖먹이의 혼례 술을 마시고

휘황찬란한 혼례당에 앉아

예쁜 며느리는 친밀하게 "시어머님"하고 불러주길 꿈꾸었지요

....

대언하는 당신의 젖먹이를 그지없이 사랑해 주었지요!

大堰河, 在她的夢沒有做醒的時候已死了。

她死時, 乳兒不在她的旁側,

她死時, 平時打罵她的丈夫也為她流淚,

五個兒子, 個個哭得很悲,

她死時, 輕輕的呼着她的乳兒的名字,

大堰河, 已死了,

她死時, 乳兒不在她的旁側。

大堰河, 含淚的去了!

同着四十幾年的人世生活的凌侮,

同着數不盡的奴隸的悽苦,

同着四塊錢的棺材和幾束稻草,

同着幾尺長方的埋棺材的土地,

同着一手把的紙錢的灰,

大堰河, 她含淚的去了。

這是大堰河所不知道的:

她的醉酒的丈夫已死去,

大兒做了土匪,

第二個死在炮火的煙裏,

第三, 第四, 第五

在師傅和地主的叱罵聲裏過着日子。

而我, 我是在寫着給予這不公道的世界的呪語。

當我經了長長的飄泊回到故土時,

在山腰裏, 田野上,

兄弟們碰見時, 是比六七年前更要親密!

這, 這是為你, 靜靜的睡着的大堰河

대언하는 당신의 꿈이 이루어지기 전에 이미 돌아 가셨습니다.
당신이 숨질 때, 젖먹이는 곁에 없었고
당신이 숨질 때, 평소 매질하던 남편도 울었고
다섯 아들도 저마다 아주 슬프게 울었습니다.
당신의 임종 시에, 젖먹이의 이름을 나직이 불렀답니다
대언하, 당신은 이미 돌아 가셨습니다.
당신이 숨질 때, 젖먹이는 당신 곁에 없었습니다

대언하는 눈물을 머금고 돌아가셨습니다
사십여 년 간 인생살이 수모와 함께
헤아릴 수 없는 노예의 처참한 고통과 함께
4원짜리의 관과 볏짚 몇 단과 함께
관을 묻을 손바닥만한 땅과 함께
한 줌의 가짜종이 돈의 재와 함께
대언하, 당신은 눈물을 머금고 돌아 가셨습니다

이것은 대언하가 모르는 일들입니다
당신의 주정뱅이 남편은 이미 타계했고
맏아들은 토비가 되고
둘째는 전쟁의 연기속으로 사라졌고
셋째, 넷째, 다섯째는
사부와 지주의 욕과 꾸지람을 먹으며 살아갑니다
그리고 나는, 이 불공평한 세상을 저주하는 글을 쓰고 있습니다
나는 기나긴 유랑생활에서 고향에 도착했을 때
산비탈에서 들판에서
형제들과 만날 때는, 6-7년 전보다 더욱 친밀했노라!
이것은 당신 때문인 것을, 조용히 잠든 대언하는

所不知道的啊!

大堰河,今天,你的乳兒是在獄裏,
寫着一首呈給你的讚美詩,
呈給你黃土下紫色的靈魂,
呈給你擁抱過我的直伸着的手,
呈給你吻過我的唇,
呈給你泥黑的溫柔的臉顏,
呈給你養育了我的乳房,
呈給你的兒子們,我的兄弟們,
呈給大地上一切的,
我的大堰河般的褓姆和她們的兒子,
呈給愛我如愛她自己的兒子般的大堰河。

大堰河,
我是吃了你的奶而長大了的
你的兒子,
我敬你
　愛你!

雪朝.十四日.一月.一九三三年

모르는 일들이지요!

대언하여, 오늘 당신의 젖먹이는 감옥에서
당신께 올릴 찬미시를 씁니다.
황토에 묻힌 당신의 보랏빛 영혼에 올립니다.
나를 안아주던 당신의 곧게 뻗은 손길에 올립니다.
나를 뽀뽀해 주시던 당신의 입술에 올립니다.
진흙처럼 검고 부드러운 당신의 얼굴에 올립니다.
나를 길러주신 당신의 유방에 올립니다.
그리고 당신의 아이들과 나의 형제들에게
대지의 모든 것들에게 올려 드립니다.
나의 대언하와 같은 유모와 그녀들의 자녀에게도
날 사랑하듯, 자기 아들을 사랑하신 대언하께 삼가 이 시를 올립니다.

대언하여,
나는 당신의 젖을 먹고 자라난
당신의 아들입니다.
나는 당신을 존경합니다.
    당신을 사랑합니다.

눈 오는 아침, 14일. 1월. 1933년

애청(1910년 3월 27일-1996년 5월 5일). 절강성 금화 출생. 원명: 장정함, 쟈: 양원, 호: 해징. 필명: 아가莪加, 극아克阿, 림벽林璧 등. 현대문학 문학가, 시인, 화가. 1928년 국립항주서호예술대학 졸업. 1933년 장시 발표 "대언하나의 유모". 1935년 시집 『대언하』 출간. 중국작가협회 부주석, 1985년 프랑스문학예술 최고 훈장. 1996년 5월 5일 새벽 향년 86세.

井水

林庚

一口井水它留戀着
春天裏綠樹的影子
秋天裏紅葉的影子
與偶爾一個學生的
黃色的制服的影子
天藍得像快要結氷
而井水也凍成氷了
它等得夢的開始
你不有着異鄉的夢
且有着冬的悵惘嗎
它這一口井水爲了你
又化做春的漪瀾了

우물물

림경

한 우물물을 그리워한다
봄날 푸른 나무의 그림자를
가을 단풍의 그림자를
그리고 때때로 스쳐 간 한 학생의
누런 제복의 그림자를
하늘은 곧 얼듯이 새파랗고
우물물도 얼어들었지만
꿈이 시작되기를 기다린다
그대는 타향에서 꿈을 꾸며
겨울이라 실의에 빠져 있지 않는가
이 우물물은 그대를 위해
또다시 봄의 잔물결로 변하고 있건만

림경(1910-2006). 원적: 복건성 복주시, 북경 출생. 자: 정회. 현대시인, 고대문학학자, 문학사가, 중국작가회회원. 북경대학교 중문과 교수, 중국고대문학 전공. 박사생 지도교수. 2006년 10월 4일 북경에서 병환으로 사망. 향년 97세. 1928년 북경사범대학부속중학 졸업, 청화대학교 물리과 입학 후 1930년 북경청화대학교 중문과 전과(轉科) 졸업. 1933년 시집 『밤』, 1934년 『북평정가』 등.

春爛了時

徐遲

時街上起伏的爵士音樂
操縱着　螞蟻　螞蟻們

鄉間　我是小野花
時當微笑的
隨便甚麼顏色　都適合的
幸福的

你不經意地撒下了餌來
鑽進玩笑的网
從　廣闊的田野
就搬到螞蟻的群中了

把憂鬱溶化在都市中
太多的螞蟻
死了一個　也不足惜吧

這貪心的螞蟻
他還是在希冀妮的剩余的溫情哩
在失却之心情中　冀求着

봄이 무르익을 무렵에

서지

거리에선 재즈음악이 울려 가라앉을 때
개미, 개미들을 조종하네

시골에서 나는 작은 들꽃
항상 미소 짓고
그 어떤 색깔이든 모두 어울려도
행복하네

넌 조심하지 않고 미끼를 던졌다가
농담하는 그물에 들어갔네
광활한 들판으로부터
개미들 무리에 옮겨오게 되었네

우울함을 도시에 융화시키는
많고 많은 개미들이
어느 한 마리 죽어도 아까워하지 않네

이 탐욕스런 개미는
아직도 여인의 남은 온정에 희망을 걸고
잃은 것을 마음속으로 얻기를 바라네

街上　厚臉的失業者伸着帽子

佈施些　佈施些

爵士音樂奏的是　春爛了時

春爛了時

野花想起了廣闊的田野

《矛盾》第3卷 第1期, 1934年3月15日

거리에는 염치없는 실업자들은 모자를 내밀고
한 닢 줍쇼 한 닢 줍쇼

재즈음악이 연주되는 것은 봄이 무르익을 무렵에
봄이 무르익을 무렵에
들꽃은 광활한 들판을 생각하게 되었네

《창과 방패》 제3권 제1기, 1934년 3월 15일

서지(1914년 10월 15일-1996년 12월 13일). 절강성 지금의 호주 출생. 원명: 상수. 시인, 산문가, 평론가. 30 대부터 시 창작. 소주 동오대학교 문학과 졸업.

泰山

徐志摩

山！
你的闊大的巍巖，
像是絕海的驚濤，
忽地飛來，
　凌空
　　不動，
在沈默的承受
日月與雲霞擁戴的光豪；
更有萬千星鬥
　　錯落
在你的胸懷，
向訴說
隱奧，
蘊藏在
巖石的核心與崔嵬的天外！

選自《新月》第3卷 第9期，1930年11月10日

태산

서지마

산!
너의 광대한 기암절벽은
마치 난바다의 놀라운 파도가
갑자기 날아온 듯
　하늘로 솟은 듯
　움직이지 않고
태양과 달, 구름과 노을이 떠받드는 영광을
묵묵히 계승하는 듯하구나
또한 천만의 뭇 별들이
　너의 가슴에
흩어져 내려
은밀하고 오묘함을
감동적으로 알려 주구나
암석의 주요 부분과 웅장함이 매우 높고 먼 곳에
간직하고 있구나!

자선《초승달》제 3권 제 9기, 1930년 11월 10일

서지마(1897년1월15일-1931년11월19일) 저장성 해령출생. 원명 장서章垿. 상해호강대학교, 천진북양대학교와 북경대학교, 미국유학 클라크대학교 은행학 전공, 1921년 영국유학 케임브리지대학교 경제학 전공, 1924년 북경대학교 교수. 시집『피렌체의 일야一夜』,『지마志摩의 시』,『맹호집猛虎集』등.

海

废名

我立在池岸
望那一朵好花
亭亭玉立
出水妙善,——
"我将永不爱海了"
荷花微笑道;
"善男子"
花将长在你的海里

1920年5月12日

바다

폐명

나는 연못가에 서서
저 어여쁜 꽃송이를 바라본다
우뚝 선 옥구슬 같은
물속에서 방금 나와 눈부시구나, ──
"나 영원히 바다를 사랑하지 못하리"
연꽃이 빙그레 웃으며 말한다
"선 남자여"
꽃은 그대 마음의 바다에서 자라 나오리라

1920년 5월 12일

폐명(1901년 11월 9일-1967년 10월 7일). 호북성 황매 출생. 중국현대작가, 시인, 소설가. 1917년 국립호북제일사범학교, 1922년 북경대학 졸업. 1925년 소설집 『죽림이야기』, 『도원桃园』 1932년 『교량桥』. 북경대학교 중문과 교수.

滬杭*道中

徐志摩

催催催！匆匆匆！
一卷烟，一片山，幾點雲影，
一道水，一條橋，一支櫓聲，
一林松，一叢竹，紅葉紛紛：

艷色的田野，艷色的秋景，
夢境似的分明，模糊，消隱，
　　催催催！是車輪還是光陰：
催老了秋容，催老了人生！

10月 30日

選自《小說月報》第 14卷11號 1923年 11月 3日

상해에서 항주 가는 길에서

서지마

어서 어서 어서! 빨리 빨리 빨리!
연기 한 무더기, 아늑한 산, 구름 몇 점,
물길 하나, 다리 한가닥, 노 젓는 소리,
솔숲 하나, 대숲 하나, 단풍잎 우수수

아름다운 시골들녘, 아름다운 가을 풍경
꿈결처럼 또렷했다 흐리고, 사라져버린다
　　어서 어서 어서! 차바퀴처럼 도는 것이 세월
가을도 짙어 가고 인생도 저물어 가네!

10월 30일

《소설월보》제 14권 11호 1923년 11월 3일 발표

* **滬杭**: 상해와 항주의 약자

서지마(1897년1월15일-1931년11월19일). 저장성해령 출생. 원명: 장서章垿. 상해호강대학교, 천진북양대학교와 북경대학교, 미국유학 클라크대학교 은행학 전공, 1921년 영국유학 케임브리지대학교 경제학, 1924년 북경대학교 교수. 시집 『피렌체의 일야一夜』, 지마志摩의 시』, 『맹호집猛虎集』 등.

螢

綠原

蛾是死在燭邊的
燭是熄在風邊的

青的光
霧的光和冷的光
永不殯葬于雨夜
呵, 我眞該爲你歌唱

自己底燈塔
自己底路

반딧불이

녹원

부나비는 촛불 주변에서 죽고
촛불은 바람 주변에서 꺼진다

파란 빛
안개 빛과 싸늘한 빛
영영 비 오는 밤은 매장되지 않으니
아, 난 정말 너를 위해 노래해 주리

자기 안의 등대
자기 안의 길

녹원(1922년 11월 8일-2009년 9월 29일). 호북성 황피 출생. 본명: 류인보. 복단대외국어과 졸업. 시인, 작가, 번역가, 편집가. 1942년 첫시집 『동화』 등.

血字

殷夫

血液寫成的大字，
斜斜地躺在南京路，
這個難忘的日子——
潤飾着一年一度……

血液寫成的大字，
刻劃着千萬聲的高呼，
這個難忘的日子——
幾萬個心靈暴怒……

血液寫成的大字，
記錄着衝突的經過，
這個難忘的日子——
狞笑着幾多叛徒……

五卅啲
立起來，在南京路走！
把你血的光芒射到天的儘頭，
把你剛強的姿態投映到黃浦江口，
把你的洪鐘般的豫言振動宇宙！

피라는 글자

은부

피로 쓴 큰 글자는
비스듬히 남경로에 누워 있다
이 잊을 수 없는 날 ——
해마다 한 차례씩 곱게 윤색한다

피로 쓴 큰 글자는
천만의 함성소리를 새기고
이 잊을 수 없는 날 ——
수만의 심령을 격분시킨다

피로 쓴 큰 글자는
충돌의 과정을 기록하고
이 잊을 수 없는 날 ——
몇몇 반역자들을 비웃는다

5·30 이여!
일어나 남경로에서 걷노라!
너의 피로 비치는 빛이 하늘가를 비추고
너의 굳센 자세를 황포강가에 드리우고
너의 종소리 같은 예언이 우주를 진동시키는구나!

今日他們的天堂，
他日他們的地獄，
今日我們的血液寫成字，
異日他們的淚水可入浴 。

我是一個叛亂的開始，
我也是歷史的長子，
我是海燕，
我是時代的尖刺 。

"五"要成為報復的枷子，
"卅"要成為囚禁讐敵的鐵柵，
"五"要分成鎌刀和鐵錘，
"三"要成為要成為斷銬和砲彈！

四年的血液潤飾夠了，
兩個血字不核再放光輝，
千萬的心音夠堅決了，
這個日子應該卽刻消毀！

오늘 그놈들의 천당은
훗날 그놈들의 지옥이 되고
오늘 우리가 피로 쓴 글자에도
장래 그놈들의 눈물로 뒤집어쓰리

나는 반란을 시작했으니
나 또한 역사의 장자가 되리
나는 해연이고
나는 시대의 가시다

"5 五"는 보복의 형틀이 되고
"30 卅"은 원수를 가두는 철책이 되리
"5"는 낫과 망치로 나누어지고
"3"은 쇠고랑을 부수는 폭탄이 되리!

4년을 피로 윤색하였으니
피로 쓴 두 글자는 더 빛을 내지 않아도 되리
천만의 단호함이 고동치게 되었으니
이 날을 즉각 불태워 버려야 하리!

은부(1909-1931). 절강성 상산출생. 본명: 서효걸徐孝杰. 필명: 서은부徐殷夫, 낙부, 등. 중국 현대문학사중 제일의 혁명시인. 공산당원. 13세 부터 시 창작 발표.

雨後的蚯蚓

馮雪峰

雨止了,
操場上只剩有細沙。
蚯蚓們穿着沙衣不息地動着。
不能進退前後,
也不能轉移左右。
但總不息地動呵!

雨後的 蚯蚓的 生命呀!

雪峰, 杭州, 1921年 11月 26日

비온 후의 지렁이

풍설봉

비 그치자
운동장은 온통 모래투성이다
지렁이들은 모래옷을 입고 끊임없이 꼼작거린다
진퇴양난에 빠져 있고
좌우로 옮길 수도 없다
그래도 끊임없이 꼼작거린다

비온 뒤 지렁이의 생명이여!

설봉, 항주, 1921년 11월 26일

풍설봉(1903년 6월 2일-1976년 1월 31일). 절강성 의오義烏 출생. 원명: 복춘福春. 필명: 설봉雪峰. 현대 저명시인, 문예이론가. 1921년 절강성제일사범학교 졸업. 북경대학교 일어과 청강 1925년, 일어번역 시작 1926년

靜

鄭振鐸

窗外室內,靜悄悄地沒有一點聲響。
拾頭只看見一方天井,幾棵寒梅。
麻雀飛到窗台上,喙喙地叫了幾聲,
又飛去了。
我的心,
沈,沈,沈到無底的深淵裏去。
唉,
煩惱的黴菌又侵入我的身中,心中,
把我的全部的心靈占領了。

고요

정진탁

창밖도 실내도, 고요히 아무 소리도 없다
머리 들면 격자무늬의 천장과 몇 그루 한매(寒梅) 보인다
창턱에 날아온, 참새 몇 마리 재잘거리다가
또 날아가 버렸다
나의 마음은
끝없이 가라앉아 심연의 바닥까지 가라앉는다
아,
번뇌의 곰팡이는 또 나의 몸과 마음속에 스며든다
나의 심령 전부를 점령해 버린다

정진탁(1898년 12월 19일-1958년 10월 17일). 절강성 온주 출생. 필명: 곽원신. 중국 애국주의자요, 사회활동가, 작가, 시인, 학자, 문학평론가, 문학사가, 번역가, 예술사가, 수장가, 훈고가. 1958년 10월 17일 비행기 사고로 순직.

音樂

鄭敏

站在月光的陰影裏,

我的靈魂是清晨的流水,

音樂從你的窗口流出,

却不知你青春的生命

可也是這樣的奔向着我?

但若我們閉上了眼睛,

我們却早已在同一個國度,

同一條河裏的漁兒 。

詩集『一九四二年 ～ 一九四七年』

음악

정민

어스름한 달빛 아래 서 있는
나의 영혼은 이른 아침에 흐르는 물
그대의 창가에 흘러나오는 음악은
그대 청춘의 생명을 알지 못하지만
그래도 이렇게 나에게로 달려올 건가요?
하지만 만약 우리가 눈을 감는다면
우린 일찍이 한 나라에서 살아왔고
한 강물 속 물고기겠지요

시집 『1942년~1947년』

정민(1920년 7월 18일 ~ 2022년 1월 3일). 여류 시인. 복건성 출생. 1943년 가남연대학교 철학과, 1952년 미국브라운대학원 영문학 전공, 북경사범대학교 박사생 지도교수. 중국 사회과학원문학연구소 근무. 대표시집 『심상』, 『찾다 모음집』, 『시인의 죽음』. 시학서적 『시와 철학은 가까운 이웃』 등.

太湖之夜

陳夢家

老天怎樣會蒼白成這樣的光景！
憑什麼要忍心撒下這些鉛白的灰，
不教浪頭駁了閃光在堤岸上撞碎，
留著焦黃的岩石顯露它的飢饉？
這氣色夠使我想起自己的傷心，
可是黯淡裡誰能說陰晦不就是美？
無限的意義寫滿太湖萬頃的青水，
盡是單純：白的雪，灰天，心的透明！
　看不見落日，黑夜帶來死的寂寞，
尖銳的旋風捲走了最後的聲響；
　燈火也不能安慰我無邊際的驚惶，
我擔心著孤島真就會頃刻間沉沒——
要不是清晨看見你，雪天的太陽，
　　萬頃的燦爛，你一雙烏光的眼珠！

二月八日 無錫太湖別墅
選自《詩刊》第二期，1931年4月20日

태호의 밤

진몽가

하늘은 어찌하여 이렇게 창백해 있는가
어찌 이토록 잔인하게 납빛 재를 흩뿌려놓았단 말인가
햇살은 제방에서 산산이 부서지게 내버려주지 않고
누렇게 탄 바위를 남겨 그 굶주림을 드러내게 하는가?
이 빛깔만으로도 내 마음의 상처가 떠오르는데
그러나 어둠 속에서 누가 감히, 어둠 또한 아름다움이라 말할수 있으랴
무한한 의미가 태호의 푸른 물결 위에 가득 쓰여 있고
모두가 순수하다 흰 눈 잿빛 하늘 마음의 투명함까지도
    지는 해는 보이지 않고 밤은 죽음 같은 고요를 데려오고
날카로운 회오리바람이 마지막 소리까지 쓸어가고
    등불조차 내 끝없는 두려움을 달래지 못한다
나는 두렵다 지금 이 순간 곧 잠겨버릴 것만 같다
그러나 새벽에 눈 내리는 아침의 태양을 보지 못했다면
    만 가지 찬란함 속에서 오직 너의 검게 빛나는 두 눈동자여

2월 8일, 무석 태호 별장
자선 《시간》 제2기, 1931년 4월 20일)

진몽가(1911-1966). 필명 천만재(陳漫哉), 저장(浙江) 상위(上虞) 사람. 난징에서 출생. 중국의 저명한 금문자학자·고고학자·시인. 16세 때부터 시를 쓰기 시작했고, 신월파(新月派) 시인 쉬즈모(徐志摩), 원이둬(聞一多)의 지도를 받았다. 1930년대에 이름을 떨쳤으며, "당초 사걸(唐初四傑)의 왕발(王勃)에 견줄 만하다"고 평가되었다.

在公園裡

石民

來!此地有柔軟的細草,
供我們坐臥;繁密的樹
屏住了聲息,佇立,沉思……
讓我們走入這夜的深處 。

在那炫耀的光輝的霧裡,
滾滾地湧現著如許人群:
那是他們的盛會,你看,
有如銀幕上活動的幻影 。

我們的影兒消失在幽暗裡,
但我們的心兒這般跳躍——
聽罷,這是生命的足音,
一聲聲,踏過"無窮"的寂寞 。

공원에서

석민

오라! 여기엔 보드라운 잔풀이 있어
우리가 앉고 누울 수 있도록, 빽빽한 나무들이
숨결을 거두고 우두커니 서서 사유한다……
이 밤의 깊숙한 곳으로 함께 들어가자

저 찬란히 빛나는 안개 속에서
얼마나 많은 군중이 솟아 오르냐
저것은 그들의 성대한 모임이다 보아라!
은막 위에서 살아 움직이는 환상 같다

우리의 작은 그림자는 어둠 속으로 사라지고
우리들의 작은 심장은 이렇게도 도약한다
들어보라! 이것은 삶의 발자국 소리
마치 소리마다 무궁의 적막을 밟아 지나간다

석민(1901-1941). 자(字)는 영청(影淸), 후난(湖南) 사오양(邵陽) 사람. 문학가, 번역가, 편집자. 1928년 베이징대학 영어과를 졸업한 뒤, 북신서국(北新書局) 편집자, 우한대학 강사를 역임했다.

扇

何其芳

設若少女妝臺間沒有鏡子,
成天凝望懸在壁上的宮扇,
扇上的樓閣如水中倒影,
染著剩粉殘淚如煙雲。
嘆華年流過絹面,
迷途的仙源不可往尋:
如寒冷的月裡的生物
每夜仰望這蘋果形的星球,
猜在山谷的濃淡陰影下
居住著的是多麼幸福。

選自 《水星》卷一第六期, 1935年 3月 10日

부채

하기방

만약 소녀의 화장대에 거울이 없다면
그녀는 하루 종일 벽에 걸린 궁중 부채를 바라보겠지
부채 위의 누각은 물속의 반영 같다
남은 분과 마른 눈물이 연운처럼 물들어 있다
꽃다운 세월이 비단 면을 스쳐 지나갔음을 탄식한다
길 잃은 신선의 세계는 더 이상 찾아갈 수 없다
차가운 달빛 속의 생명들처럼
그녀는 밤마다 이 사과 모양의 별을 우러러보며
그리고 골짜기의 짙고 옅은 그림자 아래에
그곳에 사는 이들이 얼마나 행복할지 짐작한다

자선 《수성》 일 권, 제 6 기 1935년 3월 10일

하기방 (1912-1977). 본명 하융팡(何永芳), 한족, 쓰촨(四川) 완셴(萬縣, 현 충칭 만저우) 사람. 칭화대학교(淸華大學)에서 중국문학을 전공. 중국 공산당 당원. 현대 중국의 문학가, 시인, 수필가, 문예이론가, 평론가이며 중국과학원 학부위원. 대표 시로 『우리가 가장 위대한 명절』, 『삶은 얼마나 광활한가』, 『나는 소년소녀들을 위해 노래한다』가 있고, 시집 『한원집(漢園集)』, 『예언(預言)』, 『밤의 노래와 낮의 노래』, 『야가(夜歌)』 등을 남겼다.

月光

辛笛

何等崇高純潔柔和的光啊
你充沛滲透瀉注無所不在
我沐浴於你呼吸懷恩於你
一種清亮的情操一種渴想
芬芳熱烈地在我體內滋生

你照著笑著沉默著托扶著
多情激發著永恆地感化著
大聲雄辯著微妙地諷喻著
古今山川草木物我的德性
生來須為創造到死不能休

你不是宗教是大神的粹思
憑藉貝多汶的手指和琴鍵
在樹葉上階前土地上獨白
我如虔誠獻祭的貓弓下身
但不能如拾穗人拾起你來

一九四六年春
選自《僑聲報》1946年8月19日

3부

그대 점선 한 줄 그어보오, 난 그대를 위해
허공에 한 점을 아껴두리. 구슬처럼 눈물처럼……

詩

唐湜

當洶湧的潮汐退去
沙灘才能呈現光耀的排貝
詩如其可以在生活的土壤裡伸根
它應該出現在生活的勝利裡

果實是為了花的落去
閃爍的白日之後才能有夜晚的含蓄
如果人能生活在日夜的邊際
薄光裡將有一個神的和凝

看一天晴和,平野垂地而盡
灰色的鴿笛漸近漸近
主啊,苦難裡我祈求你的雷火
燒焦這一個我,又燒焦那一個我

圓周重合,三角揳入
在自己之外又歡迎另一個自己

一九四八年

시

당식

격렬한 조수가 물러갈 때
모래사장은 비로소 빛나는 조개들의 줄무늬를 드러낸다
시가 만약 삶의 토양 속에 뿌리를 뻗을 수 있다면
그것은 삶의 성취 속에 나타나야 하리라

꽃이 져야만 열매가 맺히고
눈부신 대낮 뒤에야 밤의 함축이 있으리
만약 인간이 낮과 밤의 경계에서 살아갈 수 있다면
엷은 빛 속에는 신의 조화로운 응결이 있으리라

하루의 맑고 온화함을 보라 평야는 땅끝까지 드리워져 있다
잿빛 비둘기의 피리 소리가 점점 가까워진다
주여, 고난 속에서 나는 당신의 우레 같은 불을 기도하오니
이런 나와 또한 저런 나를 태워주소서

원은 겹겹이 포개지고 삼각은 쐐기처럼 박혀 들어가며
자기 바깥에서 또 다른 자기를 맞이한다

1948년

당식 (1920 - 2005). 1920년 저장성 원저우(浙江溫州) 출생. 본명은 (탕양허 唐揚和), '구엽시파(九葉詩派)' 시인이자 평론가. 1943년 저장대학 외문과 입학(영문/외국문학 계열). ≪中國新詩≫, ≪戲劇報≫, ≪中國新詩≫·≪戲劇報≫ 편집 참여, 시집『騷動的城』,『飛揚的歌』가 있고, 서사시『海陵王』외 다수가 있음.

老馬

臧克家

總得叫大車裝個夠,
他橫豎不說一句話,
背上的壓力往肉裡扣,
他把頭沉重地垂下!

這刻不知道下刻的命,
他有淚只往心裡咽,
眼裡飄來一道鞭影,
他抬頭望望前面。

四,一九三二。

늙은 말

장극가

결국 큰 수레에 물건을 가득 실어
그는 어차피 한 마디도 하지 않고
등 위의 압력이 살 속으로 파고들 때
늙은 말은 머리를 무겁게 떨구네

순간, 순간의 운명도 알지 못하고
그는 눈물을 가슴 속으로만 삼키며
채찍의 그림자가 눈앞을 날아들어도
늙은 말은 고개를 들고 앞만 바라보네

1932, 4.

장극가(臧克家, 자(字)는 사선士先, 본명은 장승지 臧承志). 1905년 10월 8일 중국 산둥성 주성(諸城, 현재의 위해시 관할) 출생. 2004년 베이징 별세. 20세기 중국 현대시의 대표적 현실주의 시인. 1933년 첫 시집 『낙인(烙印)』을 출간, ≪시간(詩刊)≫ 주편(主編, 1957 - 1965).

伊在

馮雪峰

（一）

伊在塘埠上浣衣，
我便到那裏洗操。
伊底漏洒濕了我底衣，
說洒濕了好把伊洗。
伊以伊底心洗在我底心理，
我穿了好像針刺着——
刺到我底心底最深處。

（二）

一天伊在一塊地上刪菽，
我便到那裏尋牛食草。
伊以伊底手帕揩我底汗，
于是伊底眼病 就傳染我了，
此後我底眼也常常要流漏了。

그녀가 있기에

풍설봉

(一)

그녀는 못가에서 빨래를 하고
나는 그곳에서 목욕을 하네
그녀는 눈물로 나의 옷을 적셔놓고
말하길 적셔져야 빨래하기 쉽다하네
그녀는 그의 마음으로 나의 마음을 씻고
나, 그 옷 입으니 바늘로 찌르는 것 같아
이내 마음의 가장 깊은 곳까지 찔러오네

(二)

어느 날 그녀는 밭에서 콩을 맬 때
나는 그 곳에 소꼴을 베러 갔네
그녀는 그의 손수건으로 나의 땀을 닦아줘
그녀의 눈병이 나에게 전염되어
이후 나의 눈도 늘 눈물을 흘렸다네

(三)

人們淚越流得多,
天公雪便越落得大 。
我和伊去頑雪,想做個雪人,
但雪經我們的一走,
便如火燒船地融消了,
我們眞熱呵!

雪峰, 杭州, 1921年 12月 7日

(三)

사람들이 눈물을 많이 흘릴수록
하느님은 더 많은 눈을 내리셨지
나와 그녀는 눈놀이 가서 눈사람을 만들려 했지
눈은 우리가 지나가자
바로 불에 녹듯이 녹아버렸지
우리는 정말 뜨거웠네!

설봉, 항주, 1921년 12월 7일

풍설봉(1903년 6월 2일-1976년 1월 31일). 절강성 의조 출생. 본명: 복춘. 필명: 설봉, 화실, 낙양 등. 현대 저명시인, 예술이론가. 1921년 절강성 제일사범학교 입학, 1925년 북경대학교 일어 청강생, 1926년 일본어 번역 시작, 소련의 문학작품과 문예이론서 출판. 1934년 대장정 참가. 장편소설 『노대의 죽음盧代之死』, 『맹아萌芽』 월간지 출판.

急雨

王統照

朝來的急雨,亂進在絲瓜架上,碗大的碧葉,都添上
　一層潤鮮的浮光,
那雨聲,越添了大的聲響,燃而我聽了越添沈靜 。

無量數生命的微波,只是在碧葉上跳動,
落下了流在地上,
滲入汚泥,便消失了他們的晶瑩 。
送凉的東風中,
吹來了一只飛的小鳥,
却躲在瓜架下,散披着羽翎,
去迎那急雨之波 。
翎毛全侵在水裏,
他用紅尖的嘴,去啄那碧葉上的脈紋,
只靜靜地不作一語 。
"他沒得巢歸去嗎?"我心中突有這樣的微感:
但又是一陣急雨來了,
白珠的波光,映斷了我的思想 。

소나기

왕통조

아침에 내리는 소낙비는 수세미버팀목을 마구 튕기고 사발만한
  푸른 잎은 반지르르하게 빛을 띠었다
그 빗소리 점점 커질수록 나는 더욱 고요해진다

수많은 생명의 잔물결이 그저 푸른 잎에서 튕겨
땅에 떨어져 흐르며
진흙 속으로 스며들며 그들의 영롱한 빛이 사라진다
싸늘한 동풍 불어오고
작은 새 한 마리
버팀목 밑에 숨어 깃털이 흩어진 채
쏟아지는 소낙비를 맞는다
빗물에 날개 흠뻑 젖은 새는
빨강 주둥이로 푸른 잎사귀를 쪼을 뿐
고요히 아무 말 없다
"그는 돌아갈 둥지가 없지 않을까?" 나는 갑자기 이런 생각이 들었다
또 한바탕 소낙비를 퍼 붓자
은구슬 같은 물빛이 나의 생각을 끊어버렸다

雨過了,

日影在雲罅裏微現出淡光 。

瓜架上的碧葉,都迎風搖顫 。

"小鳥却往那裏去呢?"我又是這樣的微感:

忽聽得門鈴響了,

一個綠衣的郵差鑕來,

于是我一切的思想,便埋藏在心弦的波音之下 。

비 그친 후

햇빛이 구름사이로 옅은 빛을 뿌린다

버팀목의 푸른 잎사귀 바람결에 한들거린다

"그런데 작은 새는 어디로 가야하나?" 또 이런 생각을 하는데

갑자기 초인종이 울린다

초록 옷을 입은 집배원이 들어왔다

이리하여 나의 모든 심중의 생각은 음파 속에 파묻친다.

왕통조(1897년-1957년). 산동성 제성 출생. 자: 검삼. 필명: 식려, 용려. 1924년 중국 대학교 영문과 졸업. 1918년 《서광曙光》. 1921년 정진택鄭振擇, 심안빙沈雁氷 외 문학연구회 발기. 중국대학교 교수겸 출판부 주임, 건국 후 산동성 문련주석, 산동대학 중문과 학장. 시인, 소설가. 대표작품 『봄비 내리는 밤』, 『산에 내리는 비』, 『봄꽃』, 『낙엽』 등. 1934년 유럽 고찰과 여행. 영국 케일브리지대학교 연구문학 후 『유럽여행기』 출판.

撲燈蛾

蒲風

熊熊的火焰在燃燒，
　　無數的撲燈蛾齊向火燄中撲跳；
──先先後後，
　　沒有一個要想退步！

哦！你渺小的撲火燈蛾喲！
　　難道你不知道這烈火把你燒？
難道你不曾看見
　　許許多多的同伴已在火中燒焦？

為着堅持自己的目標奮鬥到底
　　──不怕死！
為着不忍苟全一己的生命，
　　──不怕死！
撲燈蛾！撲燈蛾！

　　是否你們因此而繼續
　　不斷地投在火燄裏？

熊熊的火燄在燃燒，
　　無數的撲燈蛾已在火中燒焦！

부나비

포풍

불길이 활활 타 오르는데
　무수한 부나비 불 속으로 뛰어든다
　　　연속적으로
　어느 한 마리도 물려나려 하지 않는다

오! 너 아주 작은 부나비야!
　넌 그래 사나운 불길이 너를 불사른다는 걸 모른단 말이냐?
넌 그래 허다한 동료들이
　이미 불 속에서 타버린걸 보지 못했단 말이냐?

자기의 목표를 이루고자 끝까지 분투하며
　죽음을 무서워하지 않는구나!
자기 생명을 그럭저럭 부지하지 않기 위해
　죽음을 무서워하지 않는구나!
부나비야! 부나비야!

　너희들은 이 때문에
　끊임없이 불속에 뛰어드는 것이 아니냐?

　불길이 활활 타 오르는데
무수한 부나비들 벌써 까맣게 눌어붙어 있구나!

포풍(1911년 9월 9일-1942년 8월 13일) 광동성 매현 륭문향 갱미촌 출생. 유명 혁명시인, 현대현실주의 시파 대표자. 본명: 황일화黃日華. 1930년 중국공산당 가입. 31세 병사.

斷章

卞之琳

你站在橋上看風景，
看風景人在樓上看你。

明月裝飾了你的窗子，
你裝飾了別人的夢。

十月
選自『漁目集』，卞之琳著，文化生活出版社 1935 年 12 月 版

단장(斷章)

변지림

넌 다리 위에 서서 풍경을 구경하고
풍경을 보는 사람을 층집에서 너를 구경한다

밝은 달이 너의 창문을 장식하고
너는 다른 사람의 꿈을 치장하는구나

10월
자선『어목집』, 변지림저, 문화생활출판사 1935년 12월 판

변지림(1910년 12월 8일-2000년 12월 2일). 강소성 해문시 출생. 북경대학교 졸업. 시인, 문학평론가, 번역가. 북경에서 사망. 향년 89세.

淚

卞之琳

> 驚啼如有淚
> 爲濕最高花
> 　　　李商隱

聽門外雪上的足音，
聽爐火的忐忑，
人安得無淚！
陸上問天上如海上
有路沒有路，
不成問跡自惆悵。
這群鳥從我的家鄉歸來
我想說，因爲鳥有家
如蜜蜂有家，
一枚黃海濱檢來的小貝殼
一顆舊襯衣脫下的小鈕扣
一條開一只棄篋的小鑰匙
也有牠們的家
于我常帶往南北的手提箱
如珠貝含淚。
巷中人與墻內樹

눈물

변지림

> 새 울음에 놀란 눈물이 있다면
> 그 눈물에 젖은 꽃이 가장 예쁘리
> 이상은

문밖 눈을 밟는 발자국 소리 듣고
화롯불 때각거리는 소리를 듣고
사람이 어찌 눈물 흘리지 않으랴!
육지에서 하늘사이 마치 바다 같으니
길은 있기도 하고 없기도 하니
묻지 않아도 저절로 서글퍼진다
이 새들은 나의 고향에서 돌아 왔으니
나는 새들에게도 집이 있기 때문이라 말하고 싶다
마치 꿀벌들도 집이 있는 것처럼
황해바다에서 주어온 조그만 조가비도
낡은 셔츠에서 떨어진 조그만 단추도
버려진 상자를 여는 조그만 열쇠도
모두 그들의 집이 있거늘
내가 늘 남북으로 갖고 다니는 가방에도
진주조개처럼 눈물이 묻어있다
골목 안의 사람과 담장의 나무는

彼此豈滿不相干？

豈止沾衣肩掉一滴宿雨？

人幷非無淚

而明白露水人緣 。

你來畫一筆切線

我爲你珍惜這虛空的一點

像珠像淚……

人不妨有淚 。

選自《新詩》第 2 卷 第 1 期, 1937年 4 月 10日

피차 어찌 흡족하여 관계하지 않으랴?
어찌 옷, 어깨를 적시는 오랜 빗방울 하나 떨어짐에 그치랴?
사람에겐 눈물이 없는 것이 아니라
이슬이 인연되어 눈물이 되는 줄 알아
그대 점선 한 줄 그어보오
난 그대를 위해 허공에 한 점을 아껴주리
구슬처럼 눈물처럼……
사람에겐 눈물이 있어도 괜찮아

《신시》 제2권 제1기, 1937년 4월 10일 선정

변지림(1910년 12월 8일-2000년 12월 2일). 강소성 해문시 출생. 북경대학교 졸업. 시인, 문학평론가, 번역가. 북경에서 사망. 향년 89세.

火柴

聞一多

這裏都是君王底
櫻桃艷嘴的小歌童:
有的唱出一顆燦爛的明星,
唱不出的,都拆成兩片枯骨。

성냥

문일다

여기는 모두 군왕의 슬하
앵두같은 예쁜 입술의 꼬마 가수들이다
스타처럼 찬란하게 노래 부르지만
노래 부르지 못하면, 모두 마른 뼈처럼 꺾기리

문일다(1899년 11월 24일-1946년 7월 15일) 호북성 희수현 파하진 출생. 본명: 문가화聞家驊. 자: 우삼友三. 청화대학 졸업, 미국콜로라도대학 유학, 청화대학교 교수. 중국현대시인, 학자, 시집 『고와집古瓦集』, 『진아집真我集』. 1923년 장시長詩 『원내园内』 등.

竹影

汪靜之

窗外清清的竹,
映進淡淡的影,
幽幽地貼在我手上,
密密地蕩漾着我底情思;
從我沈悶的心頭,
浪動着閑適的詩趣。

我吻了吻手上的影,
笑了笑和藹的笑。
我默默地靜着,
很不愿離開,
也不忍離開。

太陽不惜別地跑去,
影兒微微地顫也顫。
太陽沒了,
我依依戀戀地,
以爲伊還在手上;
我不能自己地親吻伊,
在永久的黑暗裏。

대나무 그림자

왕정지

창밖에 서 있는 새파란 대나무
비치는 옅은 그림자는
조용히 손에 달라붙어
지속적인 감정으로 나를 설레게 한다
침울한 나의 가슴에
한적하게 시정이 물결친다

나는 손에 묻은 그림자를 입맞춤하고
상냥하게 웃음꽃을 보낸다
나는 말없이 고요히
정말 떠나고 싶지도 않고
차마 떠날수도 없다

태양은 무정하게 달려가고
그림자는 약간씩 떨고 또 떤다
태양이 사라지자
그림자도 사라졌다
더 없이 아쉬워
그대를 아직도 손 위에 있다고 여기며
난 자신을 억제하지 못하고 그대에게 입맞춤하며
길고 오랜 암흑 속으로

왕정지(1902년 7월 20일-1996년 10월 10일). 안휘성 적계 출생. 대학졸업. 안휘성 제2 농업학교 교사, 상해건설대학교, 안휘대학교, 복단대학교 중문과 교수. 《신조新潮》, 《소설월보小说月报》, 《시诗》, 《신청년新青年》 잡지에 시발표. 《혁명군신문》, 《노공월간劳工月刊》 편집. 중국작가협회 절강성 고문.

笑

林徽因

笑的是她的眼睛,口唇,
和唇邊渾圓的漩渦。
艷麗如同露珠,
朵朵的笑向,
貝齒的閃光裏躲。
那是笑——神的笑,美的笑:
水的暎影,風的輕歌。

笑的是她惺忪的鬈髮,
散亂的挨着她耳朵。
輕軟如同花影,
癢癢的甜蜜,
涌進了你的心窩。
那是笑——詩的笑,畫的笑:
雲的留痕,浪的柔波。

選自《詩刊》第3期,1931年10月5日。署名林徽音

미소

림휘인

미소는 그녀의 눈과 입술
그리고 입술가의 동그란 보조개와
그 미소는 이슬마냥 곱고 아름답게
송이송이 편 미소는
반짝이는 이빨 속으로 숨어버린다
그 미소는 신의 미소요 아름다움의 미소이며
물에 비친 그림자요 바람의 경쾌한 노래다

미소는 그녀의 거무스름한 고수머리가
흩날린 후 귓가에 달라붙어 있다
그것은 꽃 그림자마냥 보드라워
간지럽고 달콤하게
그대의 가슴 속으로 밀려든다
그 미소는 시의 미소요 그림의 미소로
구름이 남긴 흔적이고 부드러운 물결이다

자선 《시간》 제 3기, 1931년 10월 5일. 서명림휘음

림휘인(1904년 6월 10일-1955년 4월 1일) 여류 시인. 절강성 항주 출생. 예명: 림휘음. 1923년 서자마 시인과 신월사로 문예활동. 1924년 미국펜실버니아대학 유학.

紅葉

高長紅

山路上一片紅葉
吞着聲兒伏在這裏哭泣.
她本是她母親的愛子,
怎當那一陣無情的風兒
吹在這天涯海國.
吹得下來,
吹不上去
她只得伏在那裏任人踐蹋:
狗過來舔一嘴;
驢過來尿一潑;
人過來踩一脚.
遙想她的小兄弟們
圍着她母親的脖兒還正在笑樂……
她不由得吞着聲兒哭泣.
血淚兒流遍了全身,
越添了十分的醉紅的顏色.

我從山路上走過
看見這一片可憐的紅葉,
我拾起來插在胸前,
像朶玫瑰花一般的愛惜.

選自《晨報. 副刊》1923年 9月 8日

단풍

고장홍

산길에 떨어진 단풍 한 잎
울음소리 삼키며 이곳에 엎디어 울고 있네
그녀는 본래 그녀 어머니의 외동딸 이였건만
어쩌면 그 무정한 바람에 불려
아득히 멀고 구석진 곳까지 날아 왔는가
날아 내려오기만 하고
날아오르지는 못 하네
그녀는 거기서 타인에게 제멋대로 짓밟히기만 하네
개가 와서는 슬쩍 핥아 보고
당나귀 와서 오줌을 찍 갈기고
사람이 오면 두 발로 짓밟네
아득하게 그녀의 어린 남동생들을 생각하며
모두 어미의 목에 매달려 아직도 웃고 있으려만
그녀는 저도 모르게 울음소리를 삼키며 울고 있네
피눈물이 온 몸을 적시어
그 색깔이 더욱 진홍색으로 짙어 졌네

나는 산길을 지나며
가련한 단풍 한 잎을 보았네
난 그것을 주워 가슴팍에 꽂았네
마치 장미꽃 마냥 소중히 아끼며

1923년 9월 8일 조간신문 문화면에서 뽑다

고장홍(1898년 3월-1954년) 산시성 출생. 중국 시인. 중국현대작가.

鄉愁

杜運燮

雨後黃昏抒情的細筆
在平靜的河沿遲疑;
水花流不絕:終敲出鄉聲,
橋後閑山是那種靛藍 。

行人都向着笑眼的虹,
家的路,牛羊隨意搖鈴鐺
涉水,歸鳥浮沈呼喝,雲彩
在一旁快樂又忽然掩面啜泣 。

母親抱着孩子看半個月亮
在水裏破碎的邊沿,小窗燈火
從水底走近我, 傷風的吠聲裏
有人帶疲倦的笑容回到家門 。

一九四四年(又藍伽)

향수

두운섭

비온 후의 황혼은 정겹고 섬세한 붓으로
고요한 강가에서 서성이고
끝없이 흐르는 물보라는 고향의 소리로 울리며
다리 뒤 고요한 산은 그렇듯 쪽빛처럼 푸르네

행인들은 모두 웃음 짓는 무지개를 향해 걷고
집으로 가는 길엔 소와 양이 제멋대로 방울 울리며
물 건너고, 깃을 찾는 새는 오르내리며 우짖고, 구름은
곁에서 기뻐하다가 홀연히 얼굴 가리고 흐느끼네

어머닌 어린아이를 품에 안고 반달을 쳐다보시고
물속에서 부서지는 가장자리, 조그만 창의 등불은
물밑에서 나에게 다가오고, 감기 걸린 개의 울부짖음 속
누군가 피곤한 모습의 웃는 얼굴이 대문을 들어서네

1944년 (람기아에서)*

* 2차 세계대전 때 인도에 있는 중국군 군영

두운섭(1915년-2002년 7월 19일). 복건성 고전 출생. 현대시인. 1945년 서남연합대학교 졸업. 1951년 북경 신화사 국제부 근무. 시집『가을』등.

雨巷

戴望舒

撑着油紙傘,獨自
彷徨在悠長,悠長
又寂廖的雨巷,
我希望逢着
一個丁香一樣地
結着愁怨的姑娘。

她是有
丁香一樣的顏色,
丁香一樣的芬芳,
丁香一樣的憂愁,
在雨中哀怨
哀怨又彷徨;

她彷徨在這寂廖的雨巷,
撑着油紙傘
像我一樣,
像我一樣地
默默彳亍着,
冷漠,淒清,又惆悵。

비 내리는 골목

대망서

종이우산을 들고 홀로
기다랗고 기다란 골목
비 내리는 적적한 골목을 배회하며
나는 만나고 싶어라
라일락 꽃송이 같은
서러움 맺힌 아가씨를

그녀는
라일락 같은 용모로
라일락 같은 향기로
라일락 같은 우수로
비 속에서 애원하고
애원하면서 배회한다

적적한 비 내리는 골목을 배회하며
종이우산을 들고
나 처럼
나 처럼
묵묵히 서성거린다
냉담하고 처량하고 또 서글프게

她靜默地走近
走近，又投出
太息一般的眼光，
她飄過
像夢一般地，
像夢一般地淒婉迷茫。

像夢中飄過
一枝丁香地，
我身旁飄過這女郎；
她靜默地遠了，遠了，
到了頹圮的籬墻，
走盡這雨巷。

在雨的哀曲裏，
消了她的顏色，
散了她的芬芳，
消散了，甚至她的
太息般的眼光，
她丁香般的惆悵。

撐着油紙傘，獨自
彷徨在 悠長，悠長
又寂寥的雨巷
我希望飄過

그녀는 묵묵히 다가오고
다가오면서 한숨과 같은
시선을 던진 후
그녀는 스쳐 가 버렸다
꿈속 같이
꿈속 같이 처량하고 아득하다

마치 꿈 속에서
라일락 꽃가지 스쳐 지나듯

아가씨는 나의 주위를 스쳐 지났다
그녀는 묵묵히 멀어지고 멀어져
무너진 담장에 이르자
이 비 내리는 골목 끝까지 걸어갔네

비 내리는 슬픈 노래 속에
그녀의 시선은 사라지고
그녀의 향기도 사라지고
모두 모두 사라졌다
그녀의 한숨 같은 눈길에서
라일락 같은 서러움마저

종이우산을 들고, 홀로
기다랗고 기다란 골목
비 내리는 적적한 골목을 배회하며
나는 만나고 싶어라

一個丁香一樣地

結着愁怨的姑娘 。

1927年

라일락 꽃송이 같은
서러움 맺힌 아가씨를

1927년 작품

대망서(1905년 11월 5일-1950년 2월 28일). 절강성 항주시 출생. 상해대학교 문과 입학 후 전학하여 목단대학 졸업. 대표작품 『비내리는 골목』, 『나의 기억』, 『망서초』, 『망서시고』, 『재난과 세월』 등. 중국 상징주의 시인, 번역가 등. 1950년 북경에서 병사. 향년 45세.

髮

路易士

秋來了
從我底樹頂上
落下一根根長長的絲狀的葉
黑色的, 無光擇的, 柔而細的葉

它們無風而自落了
落在多垢的枕上
棕金色的古舊的棉抱上
翻開的書頁上
涂满了果醬的热烘烘的面包上

秋來了
梧桐樹撒下她底絳色的小小的舟
而我底樹頂上
落下一根根長長的絲狀的葉
黑色的, 無光澤的, 柔而細的葉

這些落葉啊
從我底樹頂上落下來的
使我深深地留戀而悲哀

選自『行過之生命』，上海未名書屋 1935年 12月 初版

머리카락

로역사

가을이 왔다
내 나무의 정수리에서
긴 실오리 같은 잎새 실실이 떨어진다
검지만, 윤기 잃은 부드럽고 가는 잎새들

바람이 불지 않아도 저절로 떨어지는 그것들
때가 얼룩진 베개에
갈색의 낡은 솜두루마기에
펼쳐 놓은 책장에
과일 쨈을 가득 바른 뜨끈한 빵에 떨어진다

가을이 왔다
오동나무는 그녀의 진홍색 조각배에 뿌리지만
내 나무의 정수리에선
긴 실오리기 같은 잎새 실실이 떨어진다
검지만, 윤기 잃은 부드럽고 가는 잎새들

이런 낙엽이
내 나무의 정수리에서 떨어지기에
나는 더없이 서운하고 슬프다

『행과의 생명』에서 선정. 상해 미명서옥 1935년 12월 초판

로역사(1913년-2013년 7월 22일). 하북성 청원 출생. 중국현대시인.

晚禱(二)

梁宗岱

我獨自地站在籬邊。
主啊,在這暮靄底茫昧中,
溫軟的影兒恬靜地來去,
牧羊兒正開始他野薔薇底幽夢。
我獨自地站在這裡,
悔恨而沉思著我狂熱的從前,
痴妄地採擷世界底花朵,
我只含淚地期待著——
祈望有幽微的片紅
給春暮闌珊的東風
不經意地吹到我底面前;
虔誠地,輕渺地,
在黃昏星杆底梅底溫光中,
完成我感恩底晚禱。

二四,六,一。

저녁에 드리는 기도

양종대

나는 홀로 울타리 곁에 서 있다
주여, 아득한 저녁 안개 속에서
부드러운 그림자들이 고요히 오가고
양치는 아이는 들장미 아래서 고요히 꿈꾼다
나는 홀로 이곳에 서서
맹목의 열정에 지난날을 뉘우치며
어리석고 망령되게 세상의 꽃들을 꺾었다.
나는 흐르는 눈물 머금고 기다릴 뿐
은은한 붉은빛 한 조각이
저무는 봄바람에 그 붉은빛이 닿기를 기도하며
무심코 내 앞까지 불어오기를
경건히 아주 가볍게
황혼의 저녁별과 아래 매화의 따스한 빛에
나의 감사의 저녁 기도를 완성한다

1924년 6월 1일

양종대(1903 - 1983). 광둥(廣東) 신회(新會) 사람. 1915년 신회 대택 중학교에 입학하고, 다음 해 광저우 배정(培正)중학교로 전학. 배정중학은 미국 교회계 학교로 영어로 수업했기 때문에 그는 영어 보충 수업을 따로 받았다. 영남대학에서 사도교(司徒喬), 일본 유학생 초야심평(草野心平) 등과 교류하며 문학적 체험을 나누었다. ≪군보(群報)≫, ≪월화보(越華報)≫ 등에 신시를 발표하며, 16세에 이미 '남국의 시인'이라 불렸다.

明天

邵洵美

這朵黃花竟然開了,
一切都開了,
空氣的道上,
復忙著來往的行鳥 。

白露兒盡吻著青草,
青草格格笑,
吻著又擁抱,
擁抱到相相混沌了 。

流泉聲一聲聲低了,
黑夜中高叫,
叫來了紅日,
這便是希望的酬報 。

他倆也不嫌天明早,
醒了好久了,
看美的綠天,
試穿那玉的白雲袍 。

十四·十二·六,劍橋 。

내일

소순미

노란 꽃이 마침내 피었네
모든 것이 함께 열렸네
공기의 길 위로
분주히 오가는 새들

이슬이 푸른 풀에 모조리 입맞추고
풀잎은 깔깔 웃고
입 맞추고 또 끌어안아
서로서로 뒤엉켜 아득히 혼미해졌다.

졸졸 샘물 소리는 점점 낮아지고
어둠 속에서 외쳐
붉은 해가 솟아올랐다
이것이 바로 희망의 보답이다

그 둘은 새벽이 이른 것을 불평하지 않고
오래 전에 깨어있었네
아름다운 푸른 하늘을 바라보며
옥빛 흰 구름옷을 걸쳐 본다

1925년 12월 6일, 케임브리지

소순미 (1906 - 1968). 본명 샤오윈룽(邵雲龍), 순메이(洵美) 개명. 필명 호문(浩文), 곽명(郭明) 등을 사용. 상하이 출생, 본적은 저장(浙江) 위야오(余姚). 관료 집안 출신으로, 영국 케임브리지 대학에서 영문학을 전공하였다. 시인·출판가·번역가·작가·비평가·문학활동가. "문단의 해상 재자(海上才子)"라 불렸다. 대표작은 『어제의 정원(昨日的園子)』, 『순메이의 꿈(洵美的夢)』, 『여인(女人)』, 『자연의 명령(自然的命令)』 등이 있다.

4부

눈물 더 흘릴 것 영원히 없고, 풀밭에 떨어진
눈물 방울방울이 세계를 장식하기 위함이구나

冬夜之公園

俞平伯

啞！啞！啞！
隊隊的歸鴉，相和相答，
淡茫茫的冷月，
襯着那翠叠叠的濃林，
越顯得枝柯老態如畫。

兩行柏樹，夾着蜿蜒石路，
竟不見半個人影。
擡頭看月色，
似煙似霧朦朧罩着。
遠近幾星燈火，
忽黃忽白不定的閃爍
格外覺得清冷。

鴉都睡了；滿園悄悄無聲。
惟有一個突地裏驚醒，
這枝飛到那枝，

겨울밤의 공원

유평백

까악! 까악! 까악!
떼 지어 돌아온 까마귀들
분주히 서로 서로 화답한다
어스름하고 싸늘한 달빛
청록의 울창한 수풀에 비추이니
가지는 그림처럼 선명하게 늙어보였다

두 줄 측백나무는 고불고불한 돌길을 끼고
마침내 사람 그림자는 온전히 보이지 않고
머리 들어 달빛을 바라보니
마치 연기처럼 안개처럼 몽롱하게 덮혀
멀고 가까운 몇 별의 등불
문득 황색과 때론 백색으로 일정치 않게 반짝이고
그 외는 싸늘하게 느껴진다

까마귀는 모두 잠들고 공원은 고즈넉하다
유일하게 까마귀 한 마리 갑자기 놀라 깨어
이 가지에서 저쪽 가지로 날며

不知為甚的叫得這般淒緊？

聽他仿佛說道，

"歸呀！歸呀！"

一九一八年 十二月 十五日 北京 。

무얼 위해 다급한 울음으로 부르짖을까?
그 소리 흡사 이렇게 들렸다
"돌아가자! 돌아가자!"

1918년 12월 15일 북경.

유평백(1900년 1월 8일-1990년 10월 5일). 강소성 건원진 출생. 본명: 유명형俞铭衡. 자: 평백平伯. 산문가, 신문학운동 초기 시인, 몽루몽 연구가. 북경대학교, 연경대학교, 청화대학교 교수.

夜

田漢

旋律的世界
沈默的大海？
淒淒的是甚麼聲音？
悠悠的是甚麼情緒？
我自己也難索解！
像一枝蘆葉臨風
時而歌舞，
時而悲哀，
時而驚駭。

밤

전한

선율의 세계는
침묵의 대해인가요
철썩이는 건 무슨 소리인가요
유유한 것은 무슨 정서인가요
나 자신도 풀이할 수 없군요
마치 갈대 한 잎 바람에 부딪혀
가끔은 노래하고 춤추다
가끔은 슬퍼서 울고
가끔은 놀라 떠는 것 같군요

전한(1898년 3월 12일-1968년 12월 10일). 호남성 장사 출생. 본명: 전수창. 학력: 일본 동경고등사범학교 졸. 시인, 소설가, 극작가, 희곡작가, 영화 각본가 등.

天上的市街

郭沫若

遠遠的街燈明了,
好像閃着無數的明星。
天上的明星現了,
好像點着無數的街燈。

我想那縹渺的空中,
定然有美麗的街市。
街市上陳列的一些物品,
定然是世上沒有的珍奇。

你看,那淺淺的天河,
定然是不甚寬廣。
我想那隔河的牛女,
定能夠騎着牛兒來往。

我想他們此刻,
定然在天街閑游。
不信,請看那朵流星,
那怕是他們提着燈籠在走。

천상의 거리

곽말약

아득히 먼 가로등이 켜지면
마치 무수한 별들이 반짝이듯
천상에 밝은 별이 나타났다
마치 무수한 가로등을 켜진 듯

나는 생각한다 저 가물거리는 하늘에
정녕 아름다운 거리는 있으리
거리에 진열된 물품들은
정녕 이 세상에 없는 진기한 것이리

보라, 저 옅은 은하수를
정녕 그리 넓지는 않으리
나는 생각한다 은하를 사이에 둔 견우와 직녀
반드시 소를 타고 오갈 수 있으리

나는 생각한다 그들은 이 시각
정녕 천상의 거리에서 한가롭게 거닐리
못 믿겠거든 저 유성을 바라 봐
그들은 초롱을 들고서라도 거닐고 있을거야

곽말약(1892년 11월 16일-1978년 6월 12일). 사천성 락산 사만 출생. 본명: 곽개정郭開貞. 자: 정당鼎堂. 호: 상무尙武. 중국현대작가, 역사학자, 고고학자. 1914년 일본유학, 1915년 강산제6 고중, 1918년 큐슈제국대학九州帝國大學 의학부 졸업. 1921년 시집 『여신女神』 등.

慈姑的盆

周作人

綠盆裏種下幾顆慈姑，
長出青青的小葉 。
秋寒來了，葉都枯了，
只剩了一盆的水 。
清冷的水裏，蕩漾著兩三根
飄帶似的暗綠的水草 。
時常有可愛的黃雀，
在落日裏飛來，
蘸了水悄悄地洗澡 。

一九二〇年 十月 二二日

벗풀 화분

주작인

녹색화분에 벗풀 몇 송이 심었더니

푸릇한 새싹들이 자랐다

쌀랑한 가을이 되자 잎새는 모두 마르고

화분에는 물 밖에 남지 않았다

싸늘한 물속에는 댕기 같은 암녹색의 벗풀

두 세 뿌리 출렁이고 있었다

가끔 귀여운 방울새

해질녘에 날아와

가만히 물을 적셔 깃털을 씻는다

1920년 10월 22일

주작인(1885년 1월 16일-1967년 5월 6일) 절강성 소흥 출생. 본명: 주괴수周櫆壽. 개명: 주작인. 자: 성표星杓, 후명後明, 후맹後孟, 기맹起孟. 필명:하수遐壽, 중밀仲密. 노신魯迅(본명周樹人)의 친동생, 주건인周建人의 형. 중국현대저명산문가, 문학이론가, 평론가, 시인, 번역가, 사상가, 중국민속학개척자, 신문화운동의 대표자. 북경대학교 교수, 석좌교수.

望月

徐志摩

月：我隔着窗紗，在黑暗中
望她從巉巖的山肩掙起——
一輪惺忪的不整的光華：
像一個處女，懷抱着貞潔，
驚惶的，掙出强暴爪牙；

這使我想起你我愛，當初
也曾在惡運的利齒間挨！
但如今正如藍天裏明月，
你已升起在幸福的前峰，
灑光輝照亮地面的坎坷！

달을 바라보며

서지마

달: 어둠 속에서 나는 망사 창문 사이를 두고
깎아지른 바위산 아래에서 빠져나오는 달을 바라본다
흐릿하게 흩어진 광채
마치 정조를 간직한 처녀가
강도의 손아귀에서 경황없이 빠져나오는 것 같아라

이는 너에 대한 나의 생각이 떠오른다 나의 사랑도 처음에
악운의 날카로운 발톱에 걸려 시달렸었지
하지만 이제는 푸른 하늘의 밝은 달처럼
당신의 앞날에 행복이 솟아 올라
그 빛살 기구한 길을 밝게 비추이리라

서지마(1897년 1월 15일-1931년 11월 19일) 저장성해령 출생. 원명: 장서章垿. 상해호강대학교, 천진북양대학교와 북경대학교, 미국유학 클라크대학교 은행학 전공, 1921년 영국유학 케임브리지대학교 경제학, 1924년 북경대학교 교수. 시집 『피렌체의 일야一夜』, 『자마志摩의 시』, 『맹호집猛虎集』 등.

枯葉

徐玉諾

偶然拾起二片枯葉,
便無心的銜在嘴裏;
他那朽酸而燥濁的味道,
滲透我的心 —— 激起一陣陣的悲意;
立刻,送我到故鄉的秋裏 。

我的步子蹣跚而且踉蹌,
無心,隨便的走下;
我的歌聲嗚咽而且悲淒 。
不曉得我是怎麼着;要到那裏去!
枯葉呵
在你我嘗着了人生的滋味 。

마른 잎

서옥낙

우연히 잎사귀 하나 집어 들었네
무심코 입이 물었더니
시큼하고 떫은 맛은
나의 마음에 스며들어 울꺽 설움을 자아내며
곧장 나를 고향의 가을로 데려가네

나의 걸음은 비틀거리고 휘청거려
마음대로 걸을 수 없었네
나의 노래로 목이 쉬고 구슬 폈지
나는 어찌하여 그곳으로 가는지 알 수 없었지!
마른 잎사귀여
너와 나는 인생의 쓴맛을 경험하는구나

서옥낙(1894년 11월 10일-1958년 4월 9일) 하남성 노산현 출생. 본명: 서언신. 자: 옥낙. 필명: 홍확. 오사五四 시기 저명시인, 작가. 개봉제일사범대학교 졸업. 대표 작품집 『양심』, 『밤의 소리』, 『주가분야화』 등. 시 400여편 발표, 30여권 소설집, 20여권 산문집.

棄婦

李金發

長髮披遍我兩眼之前,
遂隔斷了一切羞惡之疾視,
與鮮血之急流,枯骨之沈睡。
黑夜與蚊蟲聯步徐來,
越此短墻之角,
狂呼在我清白之耳後,
如荒野狂風怒號:
戰慄了無數遊牧。

靠一根草兒,與上帝之靈往返在空谷裏。
我的哀感唯游蜂之腦能深印着;
或與山泉長瀉在懸崖,
然後隨紅葉而俱去。

棄婦之隱憂堆積在動作上,
夕陽之火不能把時間之煩惱
化成灰燼,從煙突裏飛去,
長染在游鴉之羽,
將同棲止於海嘯之石上,
靜聽舟子之歌。

버림받은 여인

이금발

긴 머리카락이 나의 두 눈 앞에 흐트러져
모든 부끄러움에 찬 눈길도 철철 흐르는 붉은
피도 깊이 잠든 앙상한 뼈로 가로막혔다
어두운 밤 서서히 날아드는 모기떼
이 짧은 담벼락 구석을 지나
나의 새하얀 귀 뒷전에서
마치 광야에 광풍이 울부짖듯
무수한 유목민을 전율케 한다

한 포기 풀에 기대어, 하느님의 영과 텅 빈 골짜기를 오간다
나의 슬픔은 단지 떠도는 벌의 머릿속에 깊이 새겨지거나
혹은 산의 샘물과 더불어 벼랑에서 떨어진 다음
단풍잎을 따라 같이 사라질 것이다

버림받은 여인의 근심은 더 퇴적되고
석양의 불길은 시간의 번민을
재로 만들어 굴뚝으로 날려 보낼 수 없거늘
떠도는 까마귀의 깃털에 길게 물들어
울부짖는 바다의 바위 위에 새의 깃을 내리고
고요히 뱃사공의 노래를 들을 거야

衰老的裙裾發出哀吟，

倘佯在丘墓之側，

永無熱淚，

點滴在草地

爲世界之裝飾。

1936年6月4日

낡은 치마폭이 울리는 장송곡은
언덕 위 무덤가에서 유유히 거닐고
뜨거운 눈물 더 흘릴 것 영원히 없고
풀밭에 떨어진 눈물 방울방울이
세계를 장식하기 위함이구나

1936년 6월 4일

이금발(1900년 출생-1976년 사망) 광동성 매현 출생. 명: 이숙량, 학력: 홍콩중학교, 고학 후 미술전문학원과 파리 미술전문학교 유학. 항주예술대학교 교수. 중국의 상징주의 대표자 시집 『1925년~1927년』, 『가랑비』, 『행복한 노래를 위해』, 『식객과 흉년』.

煤

朱自清

　　你在地下睡着,
好醃臢,黑暗!
看着的人
怎樣地憎你,怕你!
他們說,
"誰也不要靠近他呵!……"
　　一會你在火園中跳舞起來,
黑裸裸的身材裏,
一陣陣透出赤和熱;
呵!全是赤和熱了,
美麗而光明!
　　他們忘記剛才的事,
都大張着笑口,
唱贊美你的歌;
又顛播身子,
湊合你跳舞底節 。

　　一九二〇年 一月 九日 北京 。

석탄

주자청

　　　너는 지하에서 잠자면서도
너무 불결하게 까맣구나!
너를 보는 사람들이
어떻게 너를 미워하고 싫어하는가!
그들이 말하기를
"누구든지 그에게 다가가지 마!"
　　하지만 잠시 후 불속에서 춤추며
새까만 몸에서
이글거리며 적색과 열을 뿜어낼 때
아! 전체는 적색과 열이 되고
아름다움과 광명뿐이네!
　　　그들은 방금한 생각을 망각해 버리고
모두 입 벌리고 웃으며
너를 찬미하는 노래를 부르리
그리고 몸을 흔들어
춤추는 너의 가락에 맞춰주리

1920년 1월 9일 북경

주자청(1898년 11월 22일-1948년 8월 12일) 강소성 동해현 출생. 본명: 자화自華. 호: 실추實秋, 자청自淸. 자: 패현佩弦. 중국현대산문가, 시인, 학자. 1916년 중학졸업후 북경대학교 예과. 1919년부터 시 발표. 1921년 문학연구회 가입. 1922년 중국 신문학사 최초 《시诗》 월간지 간행, 『문다일전집闻一多全集』 주필. 향년 50세 병사.

葬我

朱湘

葬我在荷花池內，
耳邊有水蚓拖聲，
在綠荷葉的燈上
螢火蟲時暗時明 ——

葬我在馬纓花*下，
永作着芬芳的夢 ——
葬我在泰山之巔，
風聲嗚咽過孤松 ——

不然，就燒我成灰，
投入氾濫的春江，
與落花一同漂去
無人知道的地方 。

一九十四年 二月 二日

* 馬纓花: lantana

나를 묻어주오

주상

나를 연꽃 늪에 묻어주오
귀가엔 지렁이 기는 소리 들리고
녹색의 연잎 등불에선
반딧불이 깜박깜박 이게끔

나를 란타나꽃* 아래에 묻어주오
영영 향기로운 꿈을 꾸게끔
나를 태산 꼭대기에 묻어주오
바람소리 울며 외로운 소나무 스치게끔

아니면 나를 태워 재로 만들어
출렁이는 봄 강에 뿌려주오
낙화와 같이 둥둥 떠 흘려
남들이 모르는 곳으로 가게끔

1914년 2월 2일

* 란타나꽃 : lantana, 달콤한 과일향이며 향은 상큼하고, 은은하다.

주상(1904년-1933년 12월 5일) 안휘성 태호 출신. 시인, 산문가, 교육가.

飢獸

馮至

我尋求着血的食物,
風狂地在野地奔馳。
胃的飢餓,血的缺乏,眼的渴望,
使一切的景色都在我的全面迷離。

我跑上了高山,
儘量地向着四方眺望;
我恨不能化作我頂上的蒼鷹,
因爲它的視線比我的更寬更廣。

我跑到了水濱,
我大聲地呼號;
水的彼岸是一片沙原,
我飢荒的靈魂正好在那沙原上邊奔跑。

我跑人森林裏迷失了出路,
我心中是如此疑猜——
宗使沒有一件血的食物被我尋到,怎麼
也沒有一只箭把我當作血的食物射來?

選自《新中華報副刊》第 58 號, 1929 年 2 月 2 日

굶주린 짐승

풍지

나는 피의 먹이를 찾느라
미친 듯이 들판을 질주 한다
위의 굶주림, 피의 결핍, 눈의 갈망으로
모든 경치도 내 앞에서는 흐릿해진다

나는 높은 산에 뛰어 올라가
힘껏 사방을 바라본다
나는 머리 위 참매가 되지 못함이 아쉽다
왜냐하면 참매는 나보다 더 넓고 멀리 보기 때문이다

나는 강가로 뛰어가
큰소리로 울부짖으며
강의 건너편 기슭의 모래밭
굶주린 영혼은 바야흐로 그 모래밭으로 질주한다

나는 삼림 속으로 뛰어들었다 길을 잃고
나의 마음은 이런 의심에 빠진다
설령, 피의 먹이를 하나라도 나에게 주어지지 않으면 어쩌지
화살 하나라도 나를 피의 먹이로 삼고 쏘지 않을까?

선자《신중화보부간》제 58 호, 1929년 2월 2일

풍지(1905년 9월 17일-1993년 2월 22일) 하북성 탈현 출생. 본명: 풍승식馮承植. 북경대학교 졸업. 1930년 독일유학, 서남연대외국어과 교수. 시인, 소설가, 산문가. 대표작 1942년『14행집』,『어제의 노래』,『두보전杜甫傳』, 소설『매미와 만추蟬与晚秋』등.

黑暗

朱自清

　　這是一個黑漆漆的晚上,
我孤零零地在廣場的角上座着。
遠遠屋子裏射出些燈光,
傍佛閃電的花紋,散著的在黑絨氈上——
這些便是所有的光了。
　　他們有意無意地,
儘着微弱的力量跳蕩;
看哪,一閃一爍地,
這些是黑暗的眼波喲!
　　顫動的他們裏,
憧憧地幾個人影轉着;
周圍的柏樹默默無言地響着。……
一片——世界的聲音;市聲,人聲;
從遠遠近近所在吹來的,
汹涌着,融和着。……
這些是黑暗的心瀾喲!
廣場的確大了,
大到不能再大了,
黑暗的翼張開,

암흑

주자청

     지금은 어둑 캄캄한 밤
나는 외로이 광장의 한 모퉁이에 앉아 있다
아득한 집에서 비쳐 나오는 불빛이
번개의 꽃무늬처럼 검은 양탄자에 흩어진다
이것은 바로 빛의 소유물
     그 불빛은 무심코
미약한 힘을 다해 흔들린다
보라, 한번 반짝이는 불빛을
이것은 흑암의 눈짓이야!
     떨리는 그 불빛 속에
어룽어룽 몇 사람의 그림자 어른거리고
주위의 측백나무도 말없이 설래인다
세상의 소리, 거리의 소리, 사람의 목소리, 가득히
가깝고 먼 곳에서 울려오면
출렁거리며 어우러지네 ……
이것들은 암흑의 마음 물결이야!
광장은 너무 넓어
더 넓어질 수 없도록 넓어
암흑의 날개는 펼쳐지지만

誰能想象他們的界線呢?——
他們又慈愛, 又溫暖,
甚麽道願意讓他們覆着;
所有的自己全被忘却了 。
一切都黑暗
"偺們一伙兒"

누가 불빛의 경계선을 상상할 수 있으랴?
불빛은 자애롭고, 또 따사로워
무엇인들 모두 덮어 주기를 원하며
자기 모든 소유물을 망각해 버리며
모든 것이 흑암에 잠기지
"우린 한 패거리야"

주자청(1898년 11월 22일-1948년 8월 12일) 강소성 동해현 출생. 본명: 자화自華. 호: 실추實秋, 자청自清. 자: 패현佩弦. 중국현대산문가, 시인, 학자. 1916년 중학졸업후 북경대학교 예과. 1919년부터 시 발표. 1921년 문학연구회 가입, 1922년 중국 신문학사 최초《시诗》월간지 간행,『문다일전집闻一多全集』주필. 향년 50세 병사.

靜夜

成倣吾

　　（一）

　死一般的靜夜！

　我好像在空中浮起，

　渺渺茫茫的。

　我全身的熱血，

　不住地低聲潛躍，

　我的四肢微微的戰着。

　　（二）

　我漂着，

　我廳見大自然的音樂，

　徐徐的,清清的,

　我跟着他的音波，

　我把他輕輕吻着，

　我也飛起輕輕的。

고요한 밤

성방오

(一)
죽은 듯 고요한 밤
난 공중에 둥둥 뜬 것처럼
한 없이 아늑하구나
온 몸의 뜨거운 피는
쉬지 않고 낮은 소리로 흐르고
나의 사지는 조금씩 떨린다

(二)
나는 둥둥 떠
대자연의 음악을 들으며
서서히, 또렷하게
나는 그의 가락을 따라
나는 그를 가볍게 키스 한다
나는 가벼이 날아오른다

성방오(1897년 8월 24일-1984년 5월 17일) 호남성 신화현 출생. 본명: 성호成灝 필명: 석후생, 방오芳坞, 징실澄實. 조기일본유학, 1921년 귀국. 광동대학교 교수. 상해를 경류하여 일본, 유럽을 유랑하다. 1928년 8월 파리에서 중국공산당 가입. 문학가, 번역가.

沙揚娜拉一首

── 贈日本女郎

徐志摩

最是那一低頭的溫柔,
像一朵水蓮花不勝涼風的嬌羞,
道一聲珍重, 道一聲珍重,
那一聲珍重裏有蜜甜的憂愁 ──
沙揚娜拉!

사요나라 시 한 편

— 일본 처녀에게 바치다

서지마

그 고개 숙인 최고의 부드러움으로
마치 한 송이 수련화의 찬바람 이겨내지 못한 수줍음 같이
몸조심 하세요 몸조심 하세요
그 몸조심하라는 말에는 달콤한 우수 담겨있었네
사요나라!

서지마(1897년 1월 15일-1931년 11월 19일) 원명: 장서章垿. 저장성 해령 출생. 상해 호강대학교, 천진 북양대학교와 북경대학교, 미국 유학 클라크대학교 은행학 전공, 1921년 영국 유학 케임브리지대학교 경제학, 1924년 북경대학교 교수. 시집 『피렌체의 일야―夜』, 『지마志摩의 시』, 『맹호집猛虎集』 등.

永久

馮至

我若是個印度人,
邁人了濃密的森林;
我若是個俄國人,
便踏上了冰天雪地:
因爲牠們都是永久的,
在南天,在北極 。

我呀,我生在溫帶的國裏,
沒有雪地沒有森林 ——
我追尋我的永久的,
我的永久的可是你?
但是我怎樣的走進呀,
永久裏,永久裏?

영구(永久)

풍지

내가 만약 인도사람이었다면
울창한 삼림 속으로 활보했을 것이다
내가 만약 러시아사람이었다면
몹시 추운 눈 덮인 대지를 밟았을 것이다.
왜냐하면 그들 모두 영원한 것으로
남극에 있고, 북극에 있기 때문이다.

나는야, 온대 나라에서 태어났기에
눈 쌓인 곳도 없고, 산림도 없어
나는 나의 영원한 것을 추구하노니
나의 영원한 것이 바로 그대인가?
그렇지만 나는 어떻게 그대에게 들어갈 수 있나
영원히 그 속으로, 영원히 그 속으로?

풍지(1905년 9월 17일-1993년 2월 22일) 하북성 탈현 출생. 본명: 풍승식馮承植. 북경대학교 졸업. 1930년 독일유학, 서남연대외국어과 교수. 시인, 소설가, 산문가. 대표작 1942년『14행집』,『어제의 노래』,『두보전杜甫傳』, 소설『매미와 만추蝉与晚秋』등.

천상의 거리
중국 현대시의 거장들 50인선

초판 1쇄 발행 2025년 10월 25일

지은이　노신(魯迅) 外 49인

옮긴이　조민호

발행처　열린서원

발행인　이명권

주　소　강원도 화천군 간동면 용호길 73-155

전　화　010-2128-1215

전자우편　imkkorea@hanmail.net

등록번호　제300-2015-130호(1999년)

값 15,000원

ISBN 979-11-89186-83-8(03820)

※ 이 도서는 한국예술복지재단의 지원사업에 선정되어 발간한 작품입니다.
※ 잘못 만들어진 책은 구입한 곳에서 교환해 드립니다.